»Mit Sätzen, die auf der Zunge zergehen wie Zitronensorbet.«

Der Süden als Lebensgefühl – und als Sinnbild für Fernweh, Leichtigkeit und Verführung. Er hat wenig mit Längen- und Breitengraden zu tun, sondern ist vielmehr die Begierde nach dem Hellen und dem Weiten. Er kann ein bestimmter Flecken Erde sein, Sizilien zum Beispiel, ein Kloster in Spanien, die Welt eines Dichters, die Farben eines Malers, die Kompositionen eines Musikers, Gerüche und Geräusche, das Große oder Kleine, in dem man sich zu Hause fühlt.

Jeder braucht seinen Süden erzählt von der Sehnsucht nach dem irdischen Paradies, nach der Wärme, nach dem ultimativen Lebensgefühl. Iso Camartin nimmt uns mit auf »eine empfindsame Reise in das Reich der Sinnlichkeit und des Begehrens«.

Iso Camartin, geboren 1944 in Chur, ist Professor für rätoromanische Literatur und Kultur an der Universität Zürich und Leiter der Kulturabteilung des Schweizer Fernsehens DRS. Er wurde mit zahlreichen Preisen ausgezeichnet.

Von Iso Camartin liegen außerdem auf deutsch vor: *Belvedere, Die Bibliothek von Pila, Graziendienst, Hinauslehnen, Der Teufel auf der Säule.*

insel taschenbuch 4017
Iso Camartin
Jeder braucht seinen Süden

Iso Camartin

Jeder braucht seinen Süden

Insel Verlag

Umschlagfoto: Shutterstock.com

insel taschenbuch 4017
Erste Auflage 2011
Insel Verlag Berlin 2011
© Suhrkamp Verlag Frankfurt am Main 2003
Vertrieb durch den Suhrkamp Taschenbuch Verlag
Umschlaggestaltung: HildenDesign, München
www.hildendesign.de
Druck: CPI – Ebner & Spiegel, Ulm
Printed in Germany
ISBN 978-3-458-35717-9

1 2 3 4 5 6 – 16 15 14 13 12 11

Inhalt

Süden 7

Kälte und Kerzen 11

Die Insel 27

Die Zeit der Sirene 46

Ein anderer Garten 58

Die blaue Stunde 72

SUR 86

Dantes Süden 102

Musik des Südens 120

Wüste oder Stadt? 133

Anmerkung 147

Für die Schwestern,
Töchter und Freundinnen,
die im Norden wohnen

Süden

Als topographische Koordinate ist der Süden etwas höchst Relatives. Wir reden vom Süden Grönlands und vom Norden Afrikas. Als Befindlichkeitskategorie bedeutet Süden – jedenfalls in unserem europäischen Realitätsverständnis – etwas beinah Absolutes. Dieser Süden hat wenig mit Längen- und Breitengraden zu tun. Er ist nur mit Licht- und Wärmegraden der Seele zu messen. Seine Dimensionen haben einen einzigen Maßstab: den der Begierde nach dem Hellen und nach dem Weiten. Das südlichste Gedicht aller Zeiten ist Ungarettis Zweizeiler *Mattina – Morgen*. Es lautet: »M'illumino / d'immenso – Ich erhelle mich / aus Unendlichem.« Kürzer und genauer geht es nicht.

Jeder hat seinen Süden. Dieser deckt sich nie mit dem Süden eines anderen. Auch weil sich die Territorien der Begierde in ständiger Bewegung, Ausdehnung und Verlagerung befinden. Dennoch gibt es so etwas wie ein Grundvokabular für einen Süden, den man nicht allein bewohnen möchte. Die Sprache dieses Südens ist verwandt mit jener, die wir als die Sprache des Pfingstwunders bezeichnen. Obwohl alle verschieden sprechen und fremde Wörter brauchen: Man versteht sich. Weil es um ein Streben und Begreifen geht, das wenig auf Festlegung und ganz auf Sehnsucht zielt.

Wo ich aufwuchs, reichten schon Ortsnamen jenseits des Passes, um den Süden wachzurufen. Acquacalda, Acquarossa, Olivone: Solche Namen waren Vorversprechen wärmerer Landschaften, ja, sie waren schon die Versetzung in ganz andere Gärten als die bisher bekannten. Später entdeckte ich beglückt, daß bereits in Chiavenna, wo die hochalpine Landschaft noch hautnah ist, Palmen wachsen. Der Süden zeigt sich plötzlich als Nähe – dann zumal, wenn man diese dringlich braucht. Einmal südlich berührt, bleibt man sein Leben lang auf der Suche nach Quellen von Südlichkeit.

Dem einen sind es die Bilder von Cézanne. Dem anderen der Anblick eines umbrischen, zypressengesäumten Hügelzugs. Ich kannte eine Münchnerin, die etwas von südlichem Himmel wissen mußte, aber erst in Assisi, unten im Refektorium von Santa Chiara, wo der alte Holztisch mit dem duftenden Lilienstrauß stand, befreit ausrief: »Endlich Süden!«

Für mich ist Sizilien zum Herzland des Südens geworden, zur »terra promessa« des Glücks. Doch man kann, ja, man will nicht einmal immer dort unten sein. Deshalb weiß man sich südlich zu helfen. Ich kann zum Beispiel das zweite Kapitel von Tomasi di Lampedusas *Il Gattopardo* lesen, wo die Reise der fürstlichen Familie nach Donnafugata beschrieben wird. Da begegne ich den Eukalyptusbäumen, den »verkrüppeltsten Kindern der Mutter Natur«, und schon schlägt mein Herz südlich. Die Glutsonne des Augusts, die gelben Stoppeln, die versengten Felder, die klagenden Zikaden, »il rantolo della Sicilia arsa«, wie der Principe di Lampedusa schreibt: das Röcheln seines ausgebrannten Landes, das wird sofort und jederzeit auch zu meinem Süden. Oder ich lese Quasimodos Gedicht *Vento a Tindari – Wind in Tindari*. Da ist die Rede von einem Wind, der von den Inseln eines Gottes her weht, von luftigen Abgründen, von Wirbeln und Wellen, von Düften und

Tönen. »A te ignota è la terra – dir unbekannt geblieben ist die Erde.« Man muß einmal auf den Stufen des römischen Theaters von Tindari beim Eindunkeln dieses Teils der Erde dabeigewesen sein, um niemals zu vergessen, wie unbekannt die Erde noch ist, wenn der Süden sie neu verspricht. »Ogni amore è schermo alla tristezza«, schreibt Quasimodo: Jede Liebe ist ein Schutzschild vor Traurigkeit. Wer in Tindari hoch über dem silbrigen Meer sitzt, versteht dies besser und wird für immer um sein Heimatrecht im Süden besorgt bleiben.

Daß Nietzsches Süden in Sils-Maria, womöglich schon in Basel begann, mag einem Sizilianer seltsam vorkommen. Doch Begierde nach dem anderen durchkreuzt die Geographie. Sie versetzt Schulpforta fast nach Finnland und macht aus Sils-Maria einen Vorort von Genua und Nizza.

Geographisch war Nietzsches südlichster Aufenthaltsort Messina. Im April 1882 war er für etwa drei Wochen dort. An Köselitz schreibt er am 8. April: »Also, ich bin an meinem ›Rand der Erde‹ angekommen, wo, nach Homer, das *Glück* wohnen soll.« Er war der Ansicht, ein Sommer am Meer sei für ihn richtiger als einer im Gebirge. Diese Erkenntnis erwies sich als nicht haltbar. Schon im Herbst 1881 hatte er zwar festgehalten: »Ich habe Geist genug für den Süden.« Im allerletzten Abschnitt der *Morgenröthe*, überschrieben »Wir Luft-Schifffahrer des Geistes!«, hat Nietzsche darüber spekuliert, daß es vielleicht »unser Loos war, an der Unendlichkeit zu scheitern«. Wer nach Westen steuert, der wird sein Indien erreichen. Findet, wer nach Süden steuert, schließlich jenes Gebiet, wo alles »Meer, Meer, Meer« ist? Das war hochgemute Südfahrtphilosophie!

An keinem anderen Ort als in Messina wäre ich lieber in Nietzsches Gesellschaft gewesen. Wie gern hätte ich mit ihm sizilianische Schattenplätze gesucht. Ihm Tindari gezeigt, Erice oder die Quelle der Nymphe Arethusa in Syrakus. Oder Kapernblüten gepflückt zwischen den Steinquadern des Tempels von Selinunt. Der sizilianische August hätte ihn freilich einer höllisch brennenden Erde ausgesetzt. Das wäre ungünstig gewesen für den lichtempfindlichen Denker.

Doch riefen ihn ohnehin die Freunde nach Rom zurück. Sie hatten ihm die Begegnung mit einer Frau versprochen. Diese Begegnung hätte – wäre sie entgegen aller Vorhersehbarkeit gut verlaufen – Nietzsches eigentlicher Süden werden können. Er ist – bei aller Gier nach Süden – ein Mann des Nordens geblieben.

Vielleicht ist radikaler Süden nichts als die Entdeckung jenes Kontinents, den man die Liebe einer Frau nennt.

Kälte und Kerzen

Kennst du die Arten von Schnee, die es in den Bergen gibt? Zum Beispiel den leicht wirbelnden, über die Gegend dahinstöbernden Schnee, der in tänzelnden Flocken daherkommt und nicht weiß, ob er bleiben oder weiterziehen soll. Ein launischer Geselle, der, kaum daß er da ist, sich schon wieder auf und davon macht. Aber er kann dich zu jeder Jahreszeit überraschen und hält sich an keinen Kalender. Ein Spielfreund kalter Winde ist er und kann in kurzer Zeit eine leichte Decke über alles ausbreiten, zwar nichts Schweres und Bleibendes, aber ein mächtiger Verwandler des Lebensgefühls ist er doch.

Dieser harmlose Schneebruder hat nun aber hundert Verwandte der trockenen und der nassen, der kalten und der eisigen, der listig heimlichen und der stürmenden Art. Ob triefend naß in weißen Fetzen, ob staubig leicht als Pulverschnee, leise sich setzend, oder wild durch die Gegend geblasen und gewirbelt: Jede Art, wenn sie nicht gerade im Hochsommer daherkommt, reicht irgendwann aus, um die Gegend, so weit das Auge reicht, unter ein weißes Tuch zu legen und in eine tote Landschaft zu verwandeln. Bei uns gab es höchst unterschiedliche Namen, um die Art und Weise zu charakterisieren, wie der Schnee jeweils kam, sich einnistete, sich breitmachte und schließlich blieb. Der Schnee war für einige Monate des Jahres der Begleiter des Lebens – gefragt oder ungefragt.

Ich habe den Schnee nie gemocht und gehörte schon als Kind zu jenen, die es nicht erwarten konnten, daß der

Frühling kam und die Eiszeiten nach und nach vorbei waren. Andere dagegen schwärmten von der Reinheit und Schönheit von Schneelandschaften, das Knistern unter den Schuhen war ihnen die schönste Wintermusik, sie nannten die Landschaft friedfertig, nur weil sie unter einer Schneedecke lag, und Winternächte galten ihnen als Vorgefühl des Himmels. Ich selbst habe am Schnee immer nur die Kälte gespürt und das gleißende Licht, das er an Sonnentagen zurückwarf und jeden blendete, der offenen Auges die Welt ansehen wollte.

Der Winter 1951 war in Graubünden besonders streng und schneereich, und in den Annalen ist von einem Lawinenjahr die Rede. Ich war ein siebenjähriges Kind und erinnere mich nur an ein Ereignis dieses Winters. In einer Nacht war die Lawine in Selva im Tavetschertal zu Tal gegangen und hatte das letzte Haus am Dorfausgang erfaßt und mitgerissen. Unter den Opfern war der Lehrer des Dorfes. Man hat ihn lange nicht aus den enormen Schneemassen befreien können. Erst bei der Schneeschmelze fand man ihn, inmitten von eisigem Schnee und Haustrümmern immer noch auf seinem Klavierstuhl sitzend. Diese Geschichte hat mich Jahre verfolgt. Immer wieder ist mir die auf dem Klavierstuhl sitzende stocksteife Leiche des Dorflehrers im Traum erschienen. Ich kann dir noch heute seine weißblauen Hände beschreiben. Es muß damals gewesen sein, daß ich mir geschworen habe, mich als Erwachsener nie in Schneelandschaften niederzulassen. Vor mehr als fünfzig Jahren habe ich dem Himmel versprochen, nach Süden zu ziehen, sobald ich es könne.

Das Schlimmste am Winter ist die Kälte. Wer als Kind gefroren hat für sein Leben, muß als Erwachsener Anrecht auf wärmere Zonen haben. Auch dazu kann ich dir eine Geschichte erzählen.

Da ich kein schlechter Schüler war, nahm mich der Pfarrer oft als Ministranten mit, wenn er frühmorgens den Kranken und Sterbenden in den Weilern der Gemeinde das Viaticum brachte. In milden Jahreszeiten hatte ich nichts dagegen, wenn ich vormittags nicht in die Schule mußte und mit dem Pfarrer unterwegs sein konnte. Es gab schließlich nach den Krankenbesuchen und der Ölung der Sterbenden bei den Bauern ein Frühstück, das der Stolz der Gastgeber und die Lust der Geladenen war. Doch mußte es verdient werden. Auf den Winterwanderungen zu den Weilern habe ich erfahren, was Kälte ist. Da kannst du dich kleiden und einpacken, so gut du willst, du entgehst dem Biß der Winterkälte nie. Daß ich Hände hatte, wußte ich, allen Wollhandschuhen zum Trotz, bei der Ankunft in den Weilern nie. Ich hatte die kleine Laterne zu tragen mit dem Glöckchen und dem Kerzenlicht, denn schließlich war man ja mit dem Allerheiligsten unterwegs zu Leuten, die sich für den Weg ins Jenseits bereit machten. Manchmal sagte ich verzweifelt: »Augsegner, ei fa freid – Herr Pfarrer, es ist kalt!« Und er antwortete mit einem Spruch aus dem kirchlichen Gesangbuch oder der Bibel, wohl in der Annahme, Besseres als wärmende Worte habe er jetzt nicht abrufbar, um gegen die Kälte, an der auch er litt, vorzugehen. An einige seiner Sprüche erinnere ich mich noch heute. So rezitierte er gern eine Strophe aus der *Consolaziun dell'olma devoziusa*, dem *Trost der frommen Seele* – wie unser damaliges Liederbuch hieß:

»Sch'il freid ti dat fastidi
Sche gi, ch'il cor envidi
Il fiug della carezia,
Quel scaulda cun dultschezia!«

Frei übersetzt heißt dies: »Wenn die Kälte dir Mühe macht, dann besinne dich doch, daß das Herz das Feuer der Liebe entfacht, welches mit süßer Sanftheit dich wieder wärmt!« Ich muß gestehen, dass es mir damals nie gelang, die Wärme des Herzens auf die Hände oder die Füße zu lenken. – Der Herr Pfarrer wollte aus uns Ministranten zudem gute Lateinkenner machen. Und so zitierte er, wenn ich die Laterne heftig hin und her schwenkte in der trügerischen Hoffnung, Bewegung verschaffe mir Wärme, einen Vers aus einem Psalm, der mir in Erinnerung geblieben ist: »lucerna pedibus meis verbum tuum et lumen semitis meis« – was soviel heißt wie: »Eine Laterne für meine Füße ist dein Wort und ein Licht auf meinen schmalen Wegen.«

Als wir einmal in Mompe Tujetsch ankamen und der Sakristan uns zuerst zu sich nach Hause einlud, damit wir vor dem Gang zu den Kranken und Sterbenden uns aufwärmen konnten, sagte er: »Ei fa in freid da pirir.« Heute weiß ich etymologisch, was ich damals existentiell spürte: Hinter dem Wort »pirir« steckt das Lateinische »perire«. Ja, man kann an Kälte zugrunde gehen!

Das Aufwärmen und zu sich Kommen der beinah abgestorbenen Finger war eine Erfahrung, die ich bis heute zwischen Schmerz und Lust nicht anzusiedeln weiß. Irgendwann während des Frühstücks war es dann vorbei mit dem Frieren. Doch es sind diese von eisigem Lebensgefühl klirrenden Ministrantentage, die mich gelehrt haben, daß

Kälte uns starr, gefühllos, spröde und hart macht. Kälte ist seither für mich das Vorgefühl des Todes.

Obwohl Anfang Februar im Alpenraum oft die kältesten Tage des Jahres gemessen werden, war der 2. Februar ein Winterwendetag. Man feierte Maria Lichtmeß. Das Besondere an diesem Tag war die Lichterprozession in der Klosterkirche, wobei du wissen mußt, daß Kerzen im katholischen Volksglauben eine gewaltige Rolle spielen. Jedem Heiligen seine Kerze – und unter Umständen auch zwei! Bis auf den heutigen Tag ist diese Kerzensucht tief in mir drin. Wenn ich irgendwo allein in einer Kirche bin und eine Stelle entdecke, wo man Kerzen anzünden kann zu Ehren von irgendwem oder irgendwas, tue ich es sofort. Und immer denke ich dabei, daß dies an einem Wunschort für Licht und Wärme sorgt, wo es sonst dunkel und kalt bleibt.

An diesem Lichtmeßfest wurden damals die Kerzen gesegnet – jene für die Kirche, aber auch die für den privaten Gebrauch –, und die ersten geweihten und brennenden Kerzen trug man danach in der Prozession mit. Die Seitenschiffe der Klosterkirche wurden so von einem unvergeßlichen Flackerlicht erhellt. Es war ein bewegender Lichtzauber, jeder konnte die Hand schützend um sein Feuer legen, und so erfühlte man, daß trotz der bitterkalten Kirche, in der man den eigenen Atem aus dem Körper ausfahren sah, die Wärme am Wachsen war. An der Wärme der Lichtmeß-Kerzen erahnte man erstmals, daß die Tage wieder wuchsen und neue Lebenswärme zurückkehrte. Heute noch erinnere ich diesen Tag mehr als jeden Geburtstag. Denn es ist der Tag, an dem der Glaube an wärmendes Licht in sinnlichster Art und Weise erlebbar war.

Meine Liebe zu den Kerzen hat allerdings einen doppelten Boden. Es war nicht nur die Kirche der Ort, an dem Kerzen brannten. Kerzen ganz anderer Art fand man in den Märchen. Wunderkerzen, die noch viel mehr Wärme in sich hatten als die schwachen Flackerlichter einer Prozession. Ich muss dir ein Märchen erzählen, mit dem man uns Kinder an Winterabenden, wenn irgendwo Kerzen brannten, in andere Welten versetzte.

Es war einmal eine alte blinde Frau, die Menschenfleisch aß. Sie hatte einen jungen Knaben in ihren Ziegenstall eingesperrt, um ihn zu füttern, damit er fett und rund werde. Wenn sie am Morgen die Ziegen auf die Wiese ließ, fuhr sie mit der Hand über deren Rücken, damit der Knabe nicht rittlings entkomme. Dieser überlegte sich lang, wie er es anstellen könne, aus dem Gefängnis herauszukommen. An einem Morgen klammerte er sich an den Bauch der großen Ziege und hielt sich an ihrem langen Fell fest. Da konnte die Alte lange über den Rücken der Ziege mit der Hand fahren, sie entdeckte den Bub nicht, und dieser kam mit der Ziege ins Freie. (Unsere alpine Odysseus-Variante!) Draußen löste sich dieser von der Ziege und floh in den nahegelegenen Wald. Lange irrte er darin herum, bis es Abend wurde. Er war erschöpft, und der Hunger plagte ihn. Da sah er in der Ferne ein schönes helles Licht, und er machte sich auf und ging auf dieses Licht zu. Bald stand er vor einem eindrucksvollen Haus. Darin wohnten drei alte Frauen, die gleich gekleidet waren. Er bat die Frauen, daß er in ihre Dienste treten könne, und sie stellten ihn an. Die drei Frauen waren gut zu ihm, und er blieb bei ihnen, bis er zu einem schönen Jüngling herangewachsen war. Die Frauen, die gemeinsam in einem Bett schliefen und aus einer gemeinsamen Tasse tranken, gingen jede Nacht in den Keller hinunter, wo lauter Kerzen brannten. Sie löschten zuerst die Kerzen und zündeten sie dann wieder an. Der Junge mußte dafür den Frauen die Zündhölzer in den Keller bringen. Eines Tages entwendete er den Stumpf einer brennenden Kerze, löschte sie und ließ den Kerzenstumpf in seiner Hosentasche verschwinden. Als er in seiner Kammer war, nahm er die Kerze aus dem Hosensack und zündete sie an. Da begann die Kerze zu ihm zu reden: »Was willst du von mir?« »Ich möchte, daß du mich in die Stadt in ein gutes Wirtshaus bringst und daß du mir Geld in die Hosentasche legst.« – Sogleich befand sich der Jüngling in einem schönen städtischen Wirtshaus und hatte die Taschen voller Geld. Wieder nahm er die Kerze aus dem Hosensack und zündete sie an. Die Kerze fragte ihn: »Was willst du?« »Besorge, daß die Tochter des Königs heute nacht zu mir komme«, antwortete der Junge. Und so geschah es. Als der König vernahm, daß seine Tochter in der Nacht das Schloß verlassen habe, ließ er Fadenknäuel um die Tochter binden, um herauszufinden, wo sie in der Nacht hingehe. Am Abend nahm der Jüngling wieder seine Kerze, zündete sie an und sprach: »Richte es ein, daß die Tochter des Königs heute nacht wieder zu mir komme, und dass die Fadenknäuel die ganze Stadt überziehen.« So geschah es, und der König kannte sich am Morgen weder ein noch aus. Erzürnt ließ er am Tag darauf die Leute seiner Stadt zusammenrufen, damit die Königstochter jenen aussuche, zu dem sie in der Nacht gehen mußte. Der Jüngling nahm an dieser Versammlung aber nicht teil, und als die Königstochter sich lange umgesehen hatte, sagte sie ihrem Vater, daß sie den nicht entdecken könne, bei dem sie die Nacht verbringe. Da ließ der König untersuchen, ob alle Männer der Stadt anwesend seien. Der Wirt jenes Hauses, in dem der Jüngling wohnte, trat vor und sagte: »Ich habe einen Gast, doch der geht nie aus und kann gar nicht derjenige sein, den ihr sucht.« Der König gab dem Wirt Befehl, seinen Gast mitzubringen, und so mußte der Junge mit in die Versammlung. Als die Königstochter ihn entdeckte, rief sie aus: »Genau dieser ist es, den wir suchen.« – Voller Zorn ließ der König den Jüngling ins Gefängnis werfen und ihn an einem eisernen Ring festbinden. Doch kaum im Gefängnis und am Ring gebunden, zündete er seine Kerze an, und diese fragte: »Was willst du?« Er antwortete: »Ich möchte von diesem Ring loskommen und aus dem Gefängnis befreit werden. Und der König soll mit so engen Fesseln gebunden werden, daß keiner sie lösen kann.« Da tat sich die Tür des Gefängnisses auf, und der Junge konnte zurück in sein Wirtshaus. Der König aber war auf einmal so gefesselt, daß er kaum atmen konnte. Als er vernahm, daß der Jüngling frei sei und wieder in seinem Wirtshaus, ließ er ihn zu sich rufen: »Du kannst offenbar mehr als nur Brot essen. Wenn du mich von meinen Fesseln befreist, gebe ich dir meine Tochter.« Der Jüngling versprach es dem König, kehrte in sein Wirtshaus zurück, zündete die Kerze an und sagte: »Mach, daß der König frei sei und ich seine Tochter heirate.« Sogleich war der König frei, und wenige Tage danach gab es eine fröhliche Hochzeit im Königsschloß. – Am Abend des Hochzeitstages zündete der junge Bräutigam wieder seine Kerze an. Diese fragte: »Was willst du?« »Sage uns, ob wir glücklich sind oder nicht?«, wollte er von der Kerze wissen. »Nein, das seid ihr nicht«, antwortete die Kerze, »denn heute nacht werden dein Schwiegervater und deine Schwiegermutter unter eurem Bett sein, um euch zu töten.« Jetzt schaut der Jüngling unters Bett und entdeckt den König und die Königin. Da greift er rasch nach dem großen Schwert, das auf dem Tisch lag, und haut damit beiden den Kopf ab. Wieder fragt er die Kerze: »Werden ich und meine Braut jetzt glücklich?« Und die Kerze antwortete: »Ja, doch jetzt mußt du mich abbrennen lassen, ich habe dir schon das Leben gerettet.« In jener Nacht ließ der junge Mann die Kerze ganz abbrennen.

Die Kerze der freien Wünsche – ich habe sie als Kind oft angezündet mit dem einen Wunsch: dort zu leben, wo es warm und südlich ist. Doch herrscht unter Erwachsenen im Alpenraum der uralte Glaube, daß das Heil aus den Bergen komme und in den Bergen wohne. Ex montibus salus: Das ist die Inschrift auf einem Steinkreuz, das Alpinisten auf dem Calmot, einer Anhöhe des Oberalppasses, errichtet haben.

Nur ab und zu drang Kunde von warmen und eisfreien Zonen in unsere Gegenden. Geradezu als Heilsbotschaften aus dem Süden empfand ich Erzählungen, wie der große Erzbischof und Kardinal Carlo Borromeo über den Lukmanierpaß kam, um auf der Nordseite der Alpen unter den Hirtensöhnen Graubündens künftige Seelenhirten für die römische Kirche zu rekrutieren. Ich wartete eine Kindheit lang auf einen italienischen Kardinal, der mich vom Winter erlösen und in die warmen Ebenen der römischen Campagna mitnehmen würde. Ein anderer Südbote hingegen kam wirklich, jeweils um die Pfingstzeit herum, sobald man die Lukmanierstraße von den Schneemassen befreit hatte und keine Lawinen mehr zu erwarten waren. Es war der Fruttivendolo aus Malvaglia, ein Früchte- und Gemüseverkäufer aus dem Tessin, der mit Maultier und Wagen über den Paß kam und die herrlichsten Früchte feilbot. Das war der Einzug des Südens in den Alpenraum, nicht weniger wunderbar als Jesus auf dem Esel in Jerusalem.

Überhaupt war Pfingsten ein Gnadenfest sondergleichen. Jetzt ging das, wofür man winterlang gebetet hatte, endlich in Erfüllung. Sangen wir doch in der Choralschola der Klosterschule an diesem Tag die herrliche gregorianische Pfingst-Sequenz, in der es heißt: »flecte quod est rigidum, / fove quod est frigidum – biege, was unbeweglich und starr ist, wärme auf, was kalt und frierend ist«. Allmählich begann das Wünschen zu helfen. Sommer und Wärme wurden spürbar.

Bis ich meine Südinsel wirklich fand, sollte es allerdings noch dauern, auch wenn junge Menschen sich nicht schlecht aufs Herbeisehnen von Welten verstehen, die ihnen verschlossen sind. Während viele meiner Klassenkameraden am Gymnasium die alten Sprachen eher als eine unnütze und von den Eltern verordnete Last empfanden, waren mir Griechisch und Latein immer so etwas wie südliche Erfahrungsregionen inmitten einer Fülle nordischer Lernfächer, die von der Mathematik bis zur französischen Sprache reichten. Bei den Griechen und Lateinern schien das Leben ganz anders zu sein und sehr verlockend dazu. Ich muß dir berichten, wie zwei Dinge im Kopf eines jungen Menschen heranwachsen können, obwohl er das eine nie gesehen und das andere nie erlebt hat. Denn die Lehrer sprachen anders über die Texte der Klassiker. Das Glück junger Menschen besteht aber darin, so lesen zu können, wie sie es brauchen.

Da war einmal die Sache mit den Inseln. Was eine Insel bedeutet, wurde mir erst klar, als wir uns an die Lektüre von Homers *Odyssee* machten. Die einzige Insel, die ich vorher erlebt und gesehen hatte, war England. Dieses Land kam mir gar nicht wie eine Insel vor. Es hatte für den unerfahrenen Besucher, der südlich von London einige Wochen verbrachte, alle Eigenschaften unabsehbar grünen Festlandes. Als dagegen im ersten Kapitel von Homers Epos eine »umflutete Insel inmitten des wogenden Meeres« auftauchte, merkte das innere Auge auf. Denn da war die Rede von einem leidenden Mann, der eigentlich weiterziehen wollte, aber von einer Frau festgehalten wurde. Im Urtext war das alles noch viel schöner gesagt, denn Homer schreibt, die Insel liege dort, »wo der Nabel des Meeres ist – hothi t'omphalós esti thalássäs«. Ein nicht ganz erwachsener junger Mann kann sehr lange darüber nachdenken, was das sein könnte: der Nabel des Meeres. Und leicht setzt er sich in den Kopf, irgendwann diese Insel zu suchen. Wenn ich auf der Karte nachsah, gab es die Insel Ogygia, wie Homer sie nannte, gar nicht. Später erst fand ich heraus, daß einige Gelehrte in Sachen Altertum Ogygia für die heutige Insel Malta halten. Dort also hauste in frühen Zeiten die göttliche Nymphe Kalypso, die den gestrandeten Odysseus nicht weiterziehen lassen wollte. Auch diese Kalypso versetzte mich in Aufregung. Homer nennt sie einmal die »nymphä euplokámä – die gefällig mit Flechten geschmückte Nymphe«, was unser Lehrer aber mit »schöngelockte« übersetzt haben wollte. An einer anderen Stelle sagt Homer von ihr, sie sei »deinä theòs udäessa« – also hatte sie nicht nur schöne Haare, sondern noch zwei andere Eigenschaften: Sie war eine furchterregende Göttin und dazu »gesangsreich«. Diese Kalypso muß eine einschüchternd schöne Stimme gehabt haben, die einem das Herz umstrickte »haimülioisi logoisi – mit schmeichelnd einfühlsamen Worten«. Hört man in diesen lautmalerischen Worten Homers nicht deutlich die Stimme der Nymphe, der keiner zu widerstehen vermag? Und sagt Homer nicht auch, die Nymphe habe ihren Gast geliebt und gepflegt, ihm die köstlichsten Speisen und das herrlichste Bettlager bereitet? Ich jedenfalls beschloß, die Insel und die Nymphe aufzusuchen, sobald ich einmal aus der Schule sei.

Höre einmal, wie Homer – in der Übersetzung von Wolfgang Schadewaldt – den Eingang der Grotte beschreibt, im Augenblick, da der Götterbote Hermes mit dem Befehl des Olymp ankommt, Kalypso habe den vor Sehnsucht nach Ithaka sich verzehrenden Mann ziehen zu lassen:

»Doch als er nun zu der Insel gekommen war, der fernen, da stieg er aus dem veilchenfarbenen Meere und schritt landeinwärts, bis er zu der großen Höhle kam, in der die Nymphe wohnte, die flechtenschöne. Sie traf er an, wie sie drinnen war. Ein großes Feuer brannte auf dem Herde und weithin über die Insel duftete der Duft von Zeder, gut spaltbarer, und Lebensbaum, die da brannten. Doch sie, mit schöner Stimme singend, schritt drinnen am Webstuhl auf und ab und wob mit einem goldenen Weberschiffchen. Und ein Wald wuchs um die Höhle, kräftig sprossend: Erle und Pappel und auch die wohlduftende Zypresse. Da nisteten flügelstreckende Vögel: Eulen und Habichte und langzüngige Krähen, Wasserkrähen, die auf die Erträgnisse des Meeres aus sind. Und daselbst um die gewölbte Höhle streckte sich ein Weinstock, jugendkräftig, und strotzte von Trauben. Und Quellen flossen, vier in der Reihe, mit hellem Wasser, nah beieinander, und wandten sich, die eine hier-, die andere dorthin. Und ringsum sproßten kräftig weiche Wiesen von Veilchen und Eppich.«

Was der Lebensbaum ist und was Eppich, wußte ich damals nicht. Beim Nachschlagen fand ich, dass der Lebensbaum ein zypressenartiges Nadelholz (Thuja) und Eppich eine Sammelbezeichnung für Pflanzen wie Efeu oder Sellerie ist, denen gemeinsam zu sein scheint, daß die Bienen sie gern besuchen. Mir war nun klar, dass zu einer richtigen Insel gerade diese Arten von Tieren, Pflanzen und Einrichtungen samt Nymphe gehören.

Eine Stelle der Odyssee muß ich noch erwähnen, die meine Sehnsucht nach der Insel im Süden entscheidend geprägt hat. Sie spielt auf der Insel der Phäaken. Der gestrandete Odysseus erwacht am Aufschrei der Mädchen, die nach ihrer Arbeit mit der Wäsche sich mit Ballspielen am Strand vergnügen. Die Königstochter Nausikaa, auf der Suche nach dem verworfenen Ball, steht auf einmal vor dem nackten Mann, der sie aus geziemender Entfernung anspricht: Er wisse nicht, ob sie eine Göttin oder die Tochter eines Sterblichen sei. Falls aber letzteres, dann selig die Eltern und die Brüder, denen das Herz warm werden müsse, so ein Wesen in ihrer Nähe zu haben. Der seligste aber sei der Mann, der sie einmal als Braut nach Hause führen dürfe. Denn noch nie habe er, der weit Herumgekommene, ein Wesen von solcher Schönheit gesehen, und heilige Scheu erfasse ihn, wenn er sie jetzt so anblicke. Und nun setzt Homer zu einem seltsamen Vergleich an: Odysseus sagt nämlich, nur einmal sei er am Tempel des Apollon auf der Insel Delos vor dem Schößling einer jungen Palme gestanden, fassungslos ob der Schönheit dieses Baumes, so wie er jetzt vor ihr stehe, endlos staunend über so viel Anmut und Schönheit.

Ich habe nächtelang überlegt, was die Schönheit einer jungen Palme mit der Schönheit einer jungen Frau zu tun haben könnte, doch seit der Entdeckung dieser Homerstelle denke ich beim Anblick von atemberaubender weiblicher Schönheit immer an Palmen. Ich war damals sicher, einmal auf einer Insel im Süden vor jener Palme zu stehen, die mir das Rätsel dieses Vergleichs lösen würde. Heute weiß ich, daß Homer mit der Palme auf den Apollonkult von Delos anspielt. Leto umfaßte bei der Geburt des Apollon auf dieser Insel mit beiden Händen eine Palme. Die Vereinigung von Jugend, Schönheit und Manneskraft galt als Merkmal apollinischen Glanzes. – Die Palme ist dennoch jener Baum geworden, der nicht nur an Apollontempeln, sondern auch auf meiner Insel zu wachsen hat.

Da gab es aber auch noch die Sache mit dem Feuer und der Liebe. Diesmal war kein antiker Klassiker der Türöffner, sondern die Sammlung von mittelalterlichen Liedern, Liebes-, Trink- und Spottgedichten, die man gemeinhin als *Carmina Burana* bezeichnet. Einem Klosterschüler wie mir stand es zu, sich nicht nur für liturgische Gesänge und christliche Erbauungsliteratur zu interessieren, sondern auch für die klösterliche Gegenkultur. Dazu gibt es kein besseres Handbuch als diese *Carmina Burana*. Was muß doch Kälte im Mittelalter für eine Daseinsplage gewesen sein! In den kalten Jahreszeiten starben in unseren Gegenden die

Menschen nur so dahin. Wer irgendwo ein wärmendes Feuer fand, an dem er überwintern konnte, gehörte zu den Glücklichen. Das Feuer der Frühlingssonne, das wärmt und Leben spendet, spielt in diesen Gedichten eine entscheidende Rolle. Und dann auch: das Feuer der Liebe.

»Veni mecum ludere – komm und spiel mit mir!« ruft das Bauernmädchen dem Scholaren zu. Es ist das Liebesspiel, das die lodernden Feuer gegen das Frieren an Leib und Seele anfacht. Venus ist die Göttin, die zu helfen weiß: »ignem movens, ignem fovens« – sie »schürt die Gluten zu Flammenfluten«. Ein blindes Feuer brennt in der Brust, das Herz steht in Flammen, ein für andere nicht immer sichtbares Feuer, das aber den Betroffenen gleichzeitig quält und beseligt. Kommt die nicht, das Feuer zu löschen, die es entzündet hat, dann bleibt es unauslöschlich. »Venus urit, Amor furit« – Venus brennt und Amor rast – was für ein Dasein, das hier zu den verrücktesten Gebeten Anlaß gibt. »Sana crematum!« heißt es einmal: »Heile den von der Liebe Kremierten! Rette ihn aus der Flammenpein!« So lernt man gern lateinische Vokabeln! »Incessanter ardeo, nexu vinctus igneo« – wofür der Übersetzer Carl Fischer die klingende Variante wählt: »Unaufhörlich rast die Glut, zehrt mich ihre Flammenwut.« Leider mußte ich die Texte insgeheim für mich lesen, da der Latein unterrichtende Mönch uns sicherheitshalber an den Moralisten Seneca setzte. Ich aber wollte wissen, was die »scintillula Veneris – der Zündfunke der Liebe« gegen das Frieren in der Welt vermochte, und las eifrig in der Liebesbibel des Mittelalters. Und fand auch reichlich Zeilen, die äußerst poetisch klangen und dem Klosterschüler Liebeswärme der schönsten Art versprachen. Bestimmte Verse wie »et amari valeo et iam totus ardeo – bin zur Liebe schon bekehret, innerlich von Glut verzehret« lernte ich auswendig. Auch das durch die Orffsche Musik bekannt gewordene »tempus est iocundum – es sind wonnevolle Zeiten« gehörte zu meinem Rezitationsrepertoire, das ich manchmal einem verdutzten Mädchen aus dem Dorf vortrug: »Oh, oh, oh, totus floreo. Iam amore virginali totus ardeo. Novus novus amor est, quo pereo! – Oh, oh, oh, was beglückt mich so! Meine Liebe zu dem Mädchen lodert lichterloh; heiße heiße Liebe zehrt mich auf wie Stroh!« Die Übersetzung anzufügen, wagte ich allerdings nicht, denn ich schämte mich bei derlei Dingen damals noch zu sehr. Wollte das Mädchen wissen, was denn das sei, dieses »floreo, ardeo, pereo«, entgegnete ich nur, so würden es halt die Dichter im Mittelalter sagen, wenn sie ein Mädchen liebten. Ja, ich war ein linkischer Studiosus, der zwar herrlich klingende Venussprüche kannte, aber in der Liebe ängstlich blieb. Entscheidend aber war, daß diese Lieder mir schon damals etwas überaus Wichtiges vermittelten: die enge Verknüpfung der Sehnsucht nach Wärme mit der Suche nach Liebe. Es sind Verse aus den *Carmina Burana*, die für mich Wegweiser nach Süden – ins Reich der Liebe – geworden sind.

Die Insel

Sie liegt da wie ein auf dem Meer liegender Schmetterling. Das sieht man allerdings erst, wenn man den unbewaldeten, nur von flachem Gestrüpp bewachsenen 350 Meter hohen Monte Santa Caterina besteigt, der mit seiner burgartigen Festung die Gegend weit überragt. Man kann nur zu Fuß bis nach oben, die fahrbaren Wege hören in der Mitte des Berges – beim letzten Haus – auf. Aber man muß hinauf! Denn von oben hat man einen jedes mediterrane Herz sogleich öffnenden Blick nicht nur über die ganze Insel, sondern auch hinüber zu den kleineren Nachbarinseln. An schönen Tagen erblickst du in der Ferne die Küste Thrinakiens, wo die Stiere des Sonnengottes vor unserer Zeit grasten. Alles breitet sich dir zu Füßen aus. Die karge, unfruchtbar scheinende Ebene, die vielen Grotten und Buchten, umspült von einem Wasser, das dir erst die besseren Möglichkeiten der Farbe Blau vor Augen führt, die gewaltigen Tuffsteinlöcher, aus denen noch heute der besondere Inselstein als beinah einziges Baumaterial geholt wird, und Ansammlungen sich duckender Häuser. Es leben nicht mehr als 4500 Menschen auf der Insel. Nur in den Ferienmonaten Juli und August vervielfacht sich die Bevölkerung, und das Städtchen und die Strände wimmeln von Norditalienern.

Idyllisch darfst du dir diesen Berg und die Insel aber nicht denken. Die Festung Santa Caterina war ein gefürchtetes Gefängnis, über das im 19. Jahrhundert die schlimmsten Dinge berichtet wurden. Ich kenne allerdings kein anderes

Gefängnis der Welt, von dem man durch die Mauerluken einen schöneren Blick auf die freie Welt haben kann. Vielleicht war diese Seelenpein, in der Welt vor den eigenen Augen sich nicht frei bewegen zu können, die schlimmste Strafe für die Gefangenen.

Willst du erleben, wie die Sonne allmählich den Berg wachruft, mußt du am frühen Morgen hinaufgehen. Die Insel ist windreich und kann sehr stürmisch sein. Es sind die West- und die Südwinde, die nicht nur rasend schnell Wolken herantreiben, sondern zeitweise den rötlichen Sand der Sahara mitschleppen. Es gibt Tage, an denen die Autos auf der Insel aussehen, als seien sie mit rotem Sandzucker bestreut. Bedeutung hatte die Insel wohl nur wegen ihrer Rolle als strategischer Vorposten. Sie gehört zur Gruppe der ägadischen Inseln, und obwohl die Gebildeten unter den Einheimischen es energisch bestreiten, ist das Wort vermutlich griechischer Herkunft und bedeutet: Inseln der Ziegen!

Die archäologischen Funde allerdings scheinen zu belegen, daß der kleine westliche Vorposten Siziliens für die jeweiligen Machthaber doch eine wichtige Bedeutung hatte. Kenner behaupten, es gebe Zeugnisse phönizischer, griechischer, karthagischer, römischer, vandalischer, byzantinischer, muselmanischer, normannischer, staufischer, spanischer, habsburgischer, bourbonischer und savoyischer Herkunft. Wer also je in Sizilien war, soll auch hier gewesen sein. Wirtschaftlich blühte die nicht einmal 20 Quadratkilometer große Insel, die man mit dem Fahrrad bequem an einem halben Tag durchqueren kann, nur einmal auf: als die sizilianische Unternehmerfamilie Florio hier nach 1875 den Thunfischfang industriell aufzog und unten am Hafen eine architektonisch sensationell schöne Fabrik zur Thunfisch-verarbeitung bauen ließ. Doch davon später.

Ich wollte dir von der Sonne erzählen. Wenn du früh-morgens den Berg hinaufgehst, liegt die Aufstiegsseite noch im Schatten. Du hörst ab und zu den Wind durch das Ge-strüpp fahren, und manchmal taucht vor dir wie aus dem Nichts eine einsame Kuh auf, stumm und leise, so als hätte sich der Stier der Europa in einem steinigen und distelrei-chen Abhang einer sizilianischen Nebeninsel verlaufen. Daß du eine Menschenseele zu dieser Morgenzeit hier an-triffst, ist unwahrscheinlich. Alles ist reglos und tot, bis oben auf dem Berg die Sonne von Osten dich begrüßt. Ich liebe es, mich von dieser Sonne an diesem Ort wärmen zu lassen. Denn hier ist sie nicht die gnadenlos sengende und alles in braune Landschaft verwandelnde sizilianische Sonne der Sommernachmittage, hier umfängt sie dich sanft und mit Strahlen, die weicher und wohltuender nicht sein könn-ten.

Du schaust hinab auf eine Welt, die in neuen Farben zu erwachen und aufzuleuchten beginnt. Das Meer glitzert silbern in diesem Morgenlicht, und dein Inneres beginnt sich zu regen – es wird bald warm. Manchmal sitze ich eine ganze Stunde da und schicke meine Gedanken in alle Him-melsrichtungen, am liebsten nach Westen, hinüber zum dunklen Streifen, in dem die Mutterinsel sich abzeichnet, oder südlich hinunter zum unsichtbaren, aber nicht so fer-nen afrikanischen Kontinent. Ich fühle mich wie eine der sieben Katzen unten im Hafen, die erst dann sich lustvoll wenden und räkeln, wenn sie am Morgen ihr Sonnenplätz-chen gefunden haben.

Auf dem Rückweg summt die Landschaft bereits, sie duftet schon von Thymian, ich fahre mit der Hand durch einen Busch, und zurück bleibt ein betörend intensiver Geruch, ein herbbitteres Aroma, das lange anhält. Du glaubst nicht, welches Heer von Eidechsen mich auf dem Fußweg jetzt begrüßt. Große, kleine, helle, dunkle, scheue, verwegene, blitzschnelle Eidechsen, die eine ganz wunderbare Art des Innehaltens haben, indem sie den Kopf leicht schief anheben und so tun, als warteten sie auf Zuspruch. Ich liebe diese Lucertole, diese Licht- und Wärmekünder, die sich erst bemerkbar machen, wenn die Sonne sie begrüßt, dann aber flinker und neugieriger sind als alles, was sonst knapp über der Erde dahinflitzt.

Wie bringe ich dich dazu, an einem Morgen mit mir auf den Monte Santa Caterina zu steigen? Die Insel hat wenig zu bieten. Und vielleicht doch alles, was es zum südlichen Leben wirklich braucht. Ich will dir einige Stationen meines Inseltages schildern, damit du spürst, was dir entgeht, wenn du im Norden bleibst.

Am Morgen bin ich am Hafen, wenn die Fischer mit dem Fang der Nacht oder der frühen Stunden hereinkommen. Sie haben fast alle kleine grellblaue Tuckerboote mit einer kistenartigen Kajüte. Meist sind sie zu zweit oder zu dritt auf einem Boot, es gibt aber auch Sonderlinge, die allein fischen wollen. Wenn sie ihre Netze einziehen draußen auf dem Meer, fällt der Fisch auf den Schiffsboden und wird danach in Holzkisten eingesammelt. Sobald sie im Hafen sind, holt einer der Fischer den zweirädrigen Verkaufswagen mit der metallenen Innenseite und stellt diesen in einem gewissen Abstand zur Uferkante an der Straße auf, so daß dazwischen genug Raum bleibt für die Netze.

Jetzt leeren sie einen Teil ihres Fangs in den metallenen Behälter – und offen liegt die Pracht des Meeres.

Unter den ersten, welche die ankommenden Fischerboote und deren Fracht in Augenschein nehmen, ist ein Polizist. Er will aber nur Fisch kaufen – und wie es scheint, für die gesamte Gendarmerie. Mit seinem Zeigefinger fährt er beinah auf die Fische los, es gibt ein ziemliches Palaver, bis sein Plastikeimer voll ist. Dann tut er so, als habe er erfolgreich eine Dienstpflicht verrichtet, und steigt mit seiner duftenden Beute ins Auto. Zu den ersten Neugierigen gehört auch der dicke Mann auf dem Motorino. Auf den Gepäckständer hat er eine rote Plastikkiste gebunden, und darin sitzt wie ein Capitano ein kleiner Hund, der zu bellen beginnt, sobald die Fischer ihn ansprechen. Jetzt kommt auch auf ihrer Vespa neuesten Modells eine junge Frau dahergerast, ich nenne sie nur Orlanda Furiosa, denn sie will keinen Fisch, sondern Aufmerksamkeit, wenn sie, schneller als die Vernunft es erlaubt, kurvend über den Platz saust. Das lange, am Hinterkopf von einem Band zusammengefaßte Haar folgt ihr wie der Kometenschweif der Lebenslust, sie hält vor dem wohnwagenähnlichen Fahrkartenhäuschen der Schiffahrtsgesellschaft an, nachdem sie zum Vergnügen der Fischer ihre Fahrlektion erteilt hat.

Es tauchen jetzt innerhalb weniger Minuten fast alle zum Hafen gehörigen Personen auf, der alte Fischer mit dem Beinzittern, der sich meistens vor der kleinen Bar neben mich setzt und klagt, daß er nicht mehr aufs Meer hinaus könne; der Taubstumme, der sich um die Taue der Personenboote kümmert und krächzende Laute von sich gibt, als würde man einen Motor falsch schalten, wenn einer ihn neckt. Die kleine Bar öffnet, und der Fischgeruch mischt sich wohltuend mit dem von frischem Espresso.

Zwischen acht und zehn ist Hochbetrieb, immer mehr Fischer bieten ihre Ware an, immer mehr Autos fahren heran. Die erste Fähre kommt, aus ihrem Bauch kriechen bis zu einem Dutzend Lastautos und Personenwagen hervor, die von Trapani alles herüberbringen, was man auf der Insel braucht. Die Fähren tragen Namen großer Künstler: Simone Martini oder Donatello. Ich lese an der Hinterseite die Aufschrift »Attenti alle eliche«, Achtung auf die Schiffsschraube, und das Wort »eliche« erinnert daran, daß wir ja gar nicht in Italien, sondern immer noch in Großgriechenland sind. Es ist die griechische Helix, die Spirale, die sich hier zu »elica« italianisiert hat.

Stundenlang kann ich vor der Bar am Hafen sitzen, Kaffee trinken, zusehen, wer da kommt, sich aufregt und wieder davonmacht. Den kleinen Fiats entsteigen gegen halb zehn, von ihren Töchtern oder Schwiegertöchtern chauffiert, vor allem ältere Signoras, die auf die Fischwagen zugehen und mit Kennerblick ordern, was der Fischer für sie in den Plastiksack tun soll. Ich schnappe nur einzelne Wörter auf. Die Sprache der sizilianischen Fischer ist für einen Ungeübten schwer verständlich. Ich weiß zum Beispiel auch nicht, ob es Familiennamen oder Übernamen sind, wenn jemand den anderen »pelagatti« (Katzenschinder) oder »testasecca« (Dürrkopf) nennt. Denkbar ist beides, und zu beleidigen ist man hier durch Worte kaum. Die schwergewichtigen Signoras an den Fischständen sind oft laut. Man hat den Eindruck, sie suchen ihre Ware derart wählerisch aus, weil sie glauben, in ihrer eigenen Zubereitung würde ein guter Fisch sie irgendwie von ihrer Fettleibigkeit und ihren geschwollenen Beinen befreien. Mürrisch und humpelnd steigen sie mit ihren weißen Säckchen, durch die Fische und Meerestiere schimmern, wieder ins Auto, als wollten sie sagen: Der Fisch ist auch nicht mehr, was er einmal war!

Doch was es da in den Carrelli mit den Eisenblechböden an Meerestieren zu sehen gibt, ist aufregend. Ich kenne nicht einmal die Hälfte der Fische, die nachts ins Netz gehen. Alle Edelfische, Langusten, Krebse, Tintenfische und dergleichen sind meist schnell verkauft. Zurück in der praller werdenden Vormittagssonne bleiben meistens nur die Scorfani, die Drachenkopffische und ihre Verwandten, die besonders lange atmen und mit ihren Rundmäulern nach Luft schnappen. Alles, was nur zur Fischsuppe taugt, wird zuletzt abgeräumt. Am längsten bleiben die Muränen liegen, diese aalglatten schleimigen Räuber mit ihren spitzen Zähnen. Es gibt Leute, die aus Muränen ein hervorragendes Gericht zu zaubern wissen, sagt mir ein Fischer. Die Römer hätten Muränen hoch geschätzt und sie angeblich mit Sklavenfleisch gefüttert! Hier scheint kaum einer römische Vorlieben zu haben und sich mit Muränen einlassen zu wollen. Manchmal gießt jemand einen Eimer Wasser über die vor sich hin verendenden Tiere.

Gegen elf leert sich der Hafen, die Fischer machen sich auf den Heimweg. So wie ein Hund, der manchmal nur aus Langeweile bellt, hört man entfernt noch einen von ihnen mit heiserer Stimme ganz mechanisch seinen »sarago« ausrufen. Er will seine Brassen loswerden. Am späteren Nachmittag werden die einen wieder hinausfahren, die anderen erst in der Nacht.

Verbringe einen Vormittag an diesem Hafen, und das Leben läßt unverhoffte Saiten in dir anklingen. Das Ganze hier ist von einer unwiderstehlichen Natürlichkeit und Schönheit. Armut, Elend, Beschränktheit und Dummheit existieren zwar auch, aber diese Plagen sind für die von ihnen Befallenen etwas weniger entwürdigend. Bestimmte Dinge spielen sich wohl seit Jahrhunderten in vergleichbarer Weise ab. Ist das nur ein Nachteil?

Ich sehe zur Nachbarinsel hinüber. Dort findet man in einer Grotte bronzezeitliche Höhlenbilder. Eine der schönen und schlanken Figuren hat einladende Arme, leicht gespreizte Beine, ihr ganzer Körper ist eine Aufforderung, sich auf sie einzulassen. Komm, ich bin schon da, scheint die Schönheit dem zu sagen, der sie gerade entdeckt.

Doch die Insel hat noch anderes, das zum Kommen reizt. Ich habe die Florios erwähnt. Das prächtigste Haus der Insel ist die Villa Florio. Heute gehört sie der Stadt, die Polizei hat ihre Büros dort, und auch ein kleines Museum hat man in den oberen Räumen eingerichtet. Im Park stehen Palmen und stark duftende Jasminarten. Man spürt, daß hier einmal Reichtum zu Hause war. Als die Florios die Thunfischindustrie zur Blüte brachten, lebten bis zu achttausend Menschen auf der kleinen Insel.

Im Garten der Villa wird kurz vor der Jahrhundertwende zur Zeit der Mattanza, des jährlichen großen Thunfischjagens, Franca Florio spaziert sein. Eine Frau, deren Porträts annehmen lassen, für einige Zeit habe die Schönheit die europäischen Metropolen verlassen und sich nach Sizilien zurückgezogen. Ignazio Florio, der Ehemann Francas und Haupt des Hauses Florio, hatte auch in architektonischen Fragen einen exquisiten Geschmack. Maupassant soll Sizilien ein göttliches Museum der Architektur genannt haben. Das trifft hier allerdings nur auf eine Anlage zu: die Fabrikhallen, die Ignazio Florio in der zweiten Hälfte des 19. Jahrhunderts vom Genueser Giulio Drago hat errichten lassen. Heute steht der gesamte Komplex verloren und verlassen da. »Leo bibens«, der Marsala trinkende Löwe über dem Eingang der Fabrik und das Haussymbol der Florios, hat nichts mehr mit seiner großen Zunge aufzulecken. Er verwittert langsam vor sich hin. Bitter, sagt mir der Zeitungsverkäufer, San Francesco in Assisi habe man nach dem Erdbeben in einem Jahr wiederaufgebaut. Nur hier im Süden warte man zu, bis alles von selbst zerfalle, das dann liegengelassen werde.

Wenn man es schafft, den Aufseher zu überreden, die geschlossene Anlage der »Tonnara« besuchen zu dürfen, entdeckt man etwas vom Magischsten, was die Geschichte des Niedergangs Siziliens zu bieten hat. Am Eingangsbogen zum Innenhof ist eine Tafel angebracht, auf der man liest, daß dem Michele Casubolo, dem »Rais« und Chef der Thunfischfänger, bei der Mattanza des Jahres 1853 6822 Tonnen Thunfisch in die Netze gegangen seien. Das Jahr mit der höchsten industriellen Produktion war dann 1891. Damals hat man hier 18000 Tonnen Thunfisch verarbeitet. Heute herrscht Totenstille. Ein paar Seemöwen – weiße Körper, graue Flügel, gelbe Schnäbel – kreisen über der Anlage.

Ein fahles Licht fällt durch die halb zerschlagenen Dachfenster eines Pavillons, die Arkaden träumen leer und verloren vor sich hin. In den von eleganten Spitzbögen durchzogenen Einfahrtshallen verfaulen lange graue Holzbarken. An einem Ort hat man Berge alter Netze gestapelt.

Die dicken, kunstvoll aufgeschichteten Seile weisen darauf hin, mit welcher Sorgfalt hier einmal gearbeitet wurde. Ein Friedhof menschlicher Tätigkeiten! Die kalten braunen Türme der damaligen Ofenanlagen ragen wie Mahnzeichen in den blauen Himmel, und sie scheinen zu sagen: »Sic transit gloria mundi – so zieht der Glanz einer Welt dahin«. Ein verlassenes Karthäuserkloster kann einen nicht trauriger stimmen als diese Fabrik. Wäre ich Millionär, ich würde die Anlage kaufen, restaurieren und hier das Weltmuseum der Vergänglichkeit einrichten...

Komm, laß uns jetzt ein Fahrrad mieten und hinausfahren zu den Tuffsteinfiguren der Buchten und zu den versteckten Grotten. Eigenartige Steinformationen sind hier am Ufer der Küste entstanden durch den jahrhundertealten Abbau des Tuffsteins. Türme, die aussehen, als wären sie aus babylonischer Zeit. Köpfe und statuenähnliche Skulpturen mit geometrischen Einschnitten, als ob sich hier ein Bildhauer in irrer Ornamentik göttlich verlustiert hätte. Noch archaischer und urtümlicher sind die Grotten, wie die Seufzergrotte, die Grotte der Großen Felsen, die Wassergrotte und eine, die man als die Grotte der Verliebten bezeichnet. Ist es diese, die ich dir vorführen soll?

Das Wasser jener Grotten ist durch das beschränkte, strahlenartig einfallende Licht von ganz wunderbarer Farbigkeit. Du hast den Eindruck, zwei bis drei Meter hohes, reinstes Wasser würde eine Schatzkammer überfluten, die in Felsnischen eingelassen ist und alle Zauberdinge der Erde und des Meeres vereinigt. An Nachmittagen, wenn die Insellandschaft in der Sonne glüht, glaubst du in der Grotte in einem Licht- und Wassertempel zu sein, den man für die lieblichste aller Gottheiten errichtet haben könnte. Aber schon die Umgebung des Tempels der Verliebten ist bemerkenswert. Obwohl der Boden der Insel vom Wind ramponiert wird und seine landwirtschaftliche Nutzung nur an geschützten Stellen möglich ist: Die Kräuter- und Blumenvielfalt dieses steinigen Küstenparadieses ist gewaltig. Ein Botaniker hat herausgefunden, daß auf der kleinen Insel siebenhundert verschiedene Pflanzen und Heilpflanzen wachsen. Ich will mich sehr zurückhalten und nur wenige erwähnen, die bei der Grotte der Verliebten zu finden sind.

Drei haben direkt mit der Göttin der Liebe zu tun. »Capelvenere – Venushaar« heißt die eine. Ein Farngebüsch mit zarten Stielen und dreieckigen, fächerartigen Blättern, die im Spätsommer und Herbst gesammelt werden. Man läßt sie trocknen, zerreibt sie dann zwischen den Fingern in eine Tasse und gießt heißes Wasser hinzu. Daraus entsteht ein Tee, leicht beruhigend, wohltuend gegen jede Art von Erkältung und häßlichen Geräuschen der Stimme und der Atemwege.

Dann findet man hier »Ombellico di Venere – Nabel der Venus«, mit fleischigen Blättern, die in der Mitte eine kleine Vertiefung aufweisen wie ein schöngeformter Nabel. Die entscheidende Wirkung dieses Heilkrauts besteht darin, daß es von Kennern als kräftiger Aufguß gegen Hinfälligkeit der Lustorgane, gegen Schlaffheit der Gesinnung und allgemeine Lebensunlust genossen wird. Bis zu drei Tassen am Tag sollen wahre Wunder zur Wiederherstellung von Daseinsfreude bewirken.

Schließlich ist da noch eine dritte Pflanze, die unter dem Schutz der Liebesgöttin wächst und gedeiht: »Pettine di Venere – Kamm der Venus« genannt. Sie gehört zur Gruppe der Doldengewächse, hat ovale dreigefiederte Blätter und weiße Blüten, die wie in kleinen Schirmen eingefaßt sind. Die Schönheit der Pflanze tut den Augen wohl und ist so der Entdeckung der Liebe förderlich. Die Wurzel allerdings wird gekocht und gefiltert, dann wegen ihrer Bitterkeit nur in löffelkleinen Mengen in kurzen Abständen genossen, und zwar bei akuten Entzündungen, schmerzlicher Erwärmung des Herzens und heftigem Liebestaumel.

Es wäre noch von der wilden Feige, der Meeresfeige und der indischen Feige zu reden, von der Myrte, aus der das Engelswasser bereitet wird, von der kleinen Eselsgurke, mit der man einen den Körper schnell reinigenden Saft zubereitet. Schließlich ist da auch die Mandragora, die alle in der Liebe Unglücklichen gern verwenden, um zu halluzinatorischen Tröstungen zu gelangen. Ich habe drei der langstieligen weißen Blüten und einige der grün-schwärzlichen Blätter dieser Mandragora in der Nähe der Grotte der Verliebten bei praller Sonne gepflückt. So kann ich bei akut schmerzlichem Liebesentzug zu den Tröstungen der Alraune greifen.

Am Nachmittag sitze ich oft auf der Bank an einer kleinen Straßenkreuzung, an der ein kitschiger Marienaltar steht. Hier kann man im Schatten weilen mit einem Buch in der Hand, es gibt bis gegen halb fünf kaum Lärm und Bewegung. Laut einer Inschrift am Altar gewährt der Bischof Girolamo Palermo all jenen, die sich in frommer Absicht der hier thronenden Gottesmutter nähern, vierzig Tage »indulgenzia«, sofern sie ein Salve rezitieren. Ein Salve ist schnell rezitiert. Wofür aber brauche ich Nachlaß meiner Sünden und Nachsicht für meine Schwächen?

.Dafür, daß es mir nicht gelingen will, dich in den Süden zu locken?

Vermutlich ist alles, was hier auf meiner kleinen Insel anzutreffen und zu erleben ist, dir nicht aufregend genug. Du willst Größeres als den provinziellen und alltäglichen Süden? Du willst womöglich sogar den außerordentlichen Süden?

Schließen wir also einen Pakt! Ich bin bereit, meine Bleibe hier aufzugeben und hinüber auf die Mutterinsel zu wechseln. Dies, wenn du wirklich daran denkst, den Süden mit mir zu entdecken!

Ich könnte dich zum Beispiel auf den Spuren des Fürsten von Salina durchs Land führen. Du würdest dabei einem untergegangenen Sizilien begegnen, doch dies müssen alle, auch wenn sie die griechische oder die arabische Kultur suchen. Wie wäre es, wenn ich dich über die Schulter der schönen Göttin – so hat jemand einmal Sizilien genannt – zu Don Fabrizio und seinem Palast nach Donnafugata geleiten würde?

Il Gattopardo des Tomasi di Lampedusa ist ein Buch über die Rätsel und Widersprüche der vergehenden Zeit. Manche haben es als »Herrenliteratur« bezeichnet, als nostalgischen Abgesang auf das alte Sizilien, als emphatischen Ausdruck einer Lebensästhetik, der die Wirklichkeit nicht mehr standhält. Für mich ist der Leopard eines der schönsten Bücher über den vergangenen, den realen und den imaginären Süden. Ich habe es immer dabei, wenn ich in Sizilien bin, weil es in bezug auf die Vergangenheit so scharf und unerbittlich ist wie gegenüber den Bedürfnissen des Augenblicks. Es ist innig vertraut mit der eigenen Realität und hat ihr gegenüber zugleich eine Spur Verachtung.

Don Fabrizio, wahrscheinlich der Großvater des Autors, lebt aus dem Wissen, daß man bessere Zeiten kannte, ohne daraus für die Gegenwart lebensfeindliche Schlüsse zu ziehen. Klöster, Paläste, Parkanlagen, alles, was da versunken ist, wartet geduldig auf seine Auferstehung, in hundert oder auch erst in tausend Jahren. Was der Fürst Salina beurteilt, ist schnörkellos gerecht. So kann er nüchtern und ohne jede Larmoyanz feststellen, daß im Süden sogar der Boden ein Verlangen nach Schönheit ausdrückt, und gleichzeitig »die träge machenden Säfte der Erde Siziliens« bedauern, welche die Bewohner leicht ins Unabänderliche einwilligen lassen. Aus keiner noch so ernüchternden Tatsache zieht er moralische Schlüsse: »Über das hinaus, was wir mit diesen Händen zu liebkosen hoffen können, haben wir keine Verpflichtungen.«

Sizilien ist ihm ein Land des Feuers und der Farben, und doch nennt er es ein Land ohne Erlösung. »Unter dem Ferment der starken Sonne scheint jedes Ding ohne Gewicht«, sagt er einmal. Ja, die Sonne, »die gewalttätige, unmenschliche Sonne, die narkotisch betäubende Sonne, die den Einzelwillen vernichtet und alles in einer knechtischen Unbeweglichkeit hält, alles hin und her gerissen in gewalttätigen Träumen, in Gewalttaten, die in ihrer Willkür ebenso heftig sind wie die der Träume.« Er haßt die »Sehnsucht nach wollüstiger Unbeweglichkeit« auf seiner Insel. Denn Folge davon sei eine »entsetzliche Insularität des Geistes«.

Andererseits steht der Fürst dem Leben zu nahe, um nicht zu spüren, daß diese Insel eine Erde ist, »die in leiblichen Wonnen besteht und in goldenen Ernten«. Die schönste Zeit für ihn ist der Sommer San Martino, die wahre Jahreszeit der Sinnenlust, »eine leuchtend blaue Lust, eine milde Oase im rauhen Gang der Jahreszeiten, die mit ihrer Weichheit die Sinne überredet und vom Wege lockt, während sie mit ihrer sanften Wärme zu heimlicher Nacktheit lockt«. Der Fürst durchschaut sich und seine Leute, er kennt »die südliche Eigenart, die Mühsale anderer nicht in sich hineinzulassen«. Er weiß, daß ein bekanntes Übel einem noch nicht erprobten Guten vorzuziehen ist. Im Gespräch mit dem piemontesischen Gesandten heißt es so einsichtig wie befangen: »Den Schlaf, lieber Chevalier, den Schlaf wollen die Sizilianer, und sie werden immer den hassen, der sie wecken will.«

Dieser Don Fabrizio steckt voller Widersprüche, und sie betreffen längst nicht nur sein Land und seine Leute. Er ist selbst Teil davon, und am meisten spürt er die Widersprüche dort, wo die Gegenwart für ihn am lebendigsten ist: in der Liebe. Seine Ansichten über die Ehe gehören nicht gerade den Frischvermählten ins Stammbuch geschrieben: »Die Liebe! Gewiß, die Liebe. Feuer und Flammen für ein Jahr, Asche für dreißig.« Er hat die hysterischen Stürme seiner Fürstin zu ertragen und ihnen zu begegnen gelernt. So geht er ihnen möglichst aus dem Weg und sieht sich auch anderswo nach Liebe und Leidenschaft um. Nach dem Besuch bei Mariannina im Haus der leichten Mädchen realisiert der Fürst die satte Ruhe, die ihn befällt nach dem Akt, »gefleckt mit widerstrebenden Gefühlen«.

Dieser Fürst ist kein Schürzenjäger und leichter Lebemann – aber ein Mann, der ohne die sinnlichen Freuden der Liebe weder leben kann noch will. Die wahre Ursache für das Sterben, sagt er einmal, seien die Ablagerungen in der Seele durch schwarze Gedanken – am Ende sterbe man gerade an diesen, das Hoffen behindernden, Gedanken.

Liebe und Schönheit in strahlender Sinnlichkeit, das ist der Stoff, der diesen Mann belebt und hoffen läßt. Jedes Essen schmeckt besser, wenn ein sinnliches Lüftchen durch den Speisesaal weht, heißt es einmal, als die schöne Angelica auftaucht. Ihre Bettlaken, vermutet der Fürst, müßten den Duft des Paradieses haben. Eine etwas gesteigerte Erotik herrscht also in der Umgebung des Fürsten, ohne daß dieser je die Dezenz in Gegenwart Nicht-Betroffener verletzte. Illusionen macht sich der Fürst allerdings nicht: Angesichts der sich entwickelnden Liebe zwischen Angelica und Tancredi bemerkt er, nicht ohne ironische Bitterkeit, die Liebe habe oft ihre besten Tage, bevor sie zum Alltag werde, »wie jene Ouvertüren, die länger leben als die vergessenen Opern, denen sie angehören«.

Im Grunde ist der Roman des Tomasi di Lampedusa nichts als eine Anleitung, wie man Schönheit zu entdecken hat inmitten eines Lebens, das auch viel anderes kennt. Eine alles übergreifende Schönheit: die der Erde, des Sternenhimmels, der Jahreszeiten, der Menschen in ihrer eigenen Umgebung, der Jagd, der Hunde. Die Räume seines Palastes haben den Zauber, den nur ein gescheiter und der Liebe gegenüber offener Bewohner würdigen kann. Selbst die durchschaubaren Gedanken eines Jesuitenpaters erhalten aus der Optik des Fürsten etwas beinah Liebenswürdiges und Lebensfreundliches. Alles leuchtet und duftet in der Wahrnehmung dieses Mannes. Landschaften und Güter tragen so schön klingende Namen, daß man sie im Paradies wieder hören möchte: Salina, Querceta, Argivocale, Donnafugata. Der Fürst aber ahnt: Der letzte Beweis der Schönheit blitzt dem Liebenden aus den Augen einer Frau entgegen, die weiß, daß sie schön ist.

Erinnerst du dich an den Tod des Fürsten? Er liegt im Bett, umgeben von seiner Familie, Doktor Cataliotti ist da, alle wissen, daß der Fürst in den nächsten Augenblicken sterben wird. Da sieht dieser auf einmal, wie durch die Gruppe der Trauernden eine junge schlanke Frau sich auf ihn zu bewegt, mit Strohhut und Schleier über einem schelmischen Gesicht. Sie kommt näher – und der Fürst weiß: »Sie war es, sie, das immer ersehnte Wesen, das ihn holen kam; sonderbar, so jung war sie, und hatte sich ihm ergeben; die Stunde der Abfahrt mußte nahe sein. Jetzt war sie bei ihm, ihr Gesicht dem seinen gegenüber; sie hob den Schleier – und so, schamhaft, aber bereit, in Besitz genommen zu werden, erschien sie ihm weit schöner, als er sie je erblickt hatte – dort in den Sternenräumen. – Das tosende Meer kam zur Ruhe.«

Was denkst du? Wollen wir die Fährte des Fürsten Salina aufnehmen und die Schönheit dieser Erde unter seiner Anleitung erkunden?

Ich sitze immer noch mit meinem Buch auf der Bank an der kleinen Straßenkreuzung. Anstelle eines Salve werde ich heute eine Litanei beten: meine Litanei des Südens. Vielleicht erteilt mir ein weibliches Wesen von nah oder von fern dafür »indulgenzia«.

Süden ist
– ankommen, wo man erwartet wird;
– unter Mandelbäumen sitzen und nicht mehr wollen, als man kann;

- Johannisbrotbäume in abgebrannten Stoppelfeldern sehen;
- Tempelsäulen im Abendlicht und Fischerkähne auf Nachtfang;
- ein unendlicher Sternenhimmel, der eine warme Nacht überwölbt;
- Laute im Ohr haben, die klingen wie »animula vagula blandula«;
- durch Liebreiz mutig werden;
- eine einfallsreiche Art finden, die Treue zu halten;
- dank einer verläßlichen Sonne die Kußmale am Hals der Geliebten nicht sehen;
- paradiesisch ruhen wie Rinaldo und sich bei Armida »verliegen«;
- im Halbschlaf nichts zu befürchten haben;
- Nähe ertragen ohne Abscheu;
- noch in der Not ein Silberglöckchen um sich haben, mit dem man in seiner Einsamkeit läuten kann. (Signora Elvira war eine Tochter aus reichem Haus, inzwischen aber verarmt. Sie hatte längst keine Mittel mehr, um Personal halten zu können. Aber das Glöckchen besaß sie noch. So läutete sie manchmal in Gegenwart von Freunden und rief dann aus: »Wo steckt nun wieder das Personal! Es ist einfach nie da, wenn man es braucht.«)

Süden ist
- wo Gunst auch Gegengunst ist;
- wo man die Freude nicht im Leiden sucht;
- wo man Höflichkeit mit verbalem Elan verbindet;
- wo »wild herausfahrend« und »sehr zurückhaltend« von vergleichbarer Intensität sind;

- wo die Entdeckung, daß die Menschen heute so sind, wie sie gestern waren, Lust auf morgen macht;
- wo der Liebe Willkür-Uhr unerwartet schlägt;
- wo glühende Augen einen »zu sich hin herrschen«;
- wo ministrieren heißt, an mehreren Altären Liebesdienste tun;
- wo »die Vögel / die erweiterte Luft fühlen mit innigerm Flug« (Rilke);
- »wo das Schöne, stets das Neue / immer wächst nach allen Seiten« (Goethe).

Ich weiß, es gibt einen ultimativen Süden. Einen Süden, der portativ geworden ist wie Heines Bibel-Vaterland. Man trägt ihn mit und in sich, jederzeit. Leider bin ich noch nicht alt und reif genug für diesen Süden – ich brauche den wirklichen.

Die Zeit der Sirene

Im Hafen meiner Insel hängt an einer Mauer ein von der Sonne gebleichtes Plakat. »Vivere il mare!« steht darauf. »Das Meer leben!«

Ich habe gegen Abend eine kleine Barke gemietet und bin zu meiner Cala Azzurra hinausgerudert. Eigentlich heißt sie Cala Rossa, vermutlich wegen des rötlich aufschimmernden Tuffsteins, wenn die Spätnachmittagssonne sie ausleuchtet. Doch hat die Bucht ein so azurblau durchsichtiges Wasser, wie man es am Mittelmeer sonst lange suchen muß. Wenn die Sonne von Westen her auf die Meeresfläche fällt, reichen deine Augen weit hinab zu den Felsformationen und zum sandigen Boden. Kein Wind ist da, der die Oberfläche kräuseln und die Sicht trüben würde. Eine glatte farbige Fläche. Und weit und breit kein Mensch, weder auf dem Wasser noch in Küstennähe. Es ist die Stunde, in der du entdeckst, daß das Meer Spiegel ist und Abgrund. Die Stunde der Stille, in der alles leuchtet und alles lockt.

Als Kind durfte ich ab und zu meinen Vater zum Aclettabach begleiten, wenn er fischen ging. Er war kein besonders guter Fischer, doch manchmal hatte die schwimmende Kreatur ein Einsehen mit seinem Wunsch, vor dem Eindunkeln seiner Familie vier Fische nach Hause zu bringen, und sie biß zu. Die Fische ließen meistens lange auf diese Belohnung warten. Ich saß wartend am Bach, möglichst an einer Stelle, wo das Wasser leise gurgelte, niedrig floß und über ein Bett von Steinen rieselte, so daß man mit der Hand ins Wasser fahren konnte bis auf den steinigen Grund. Seit diesen Stunden weiß ich, was der dunkelnde Glanz ist, den vom Wasser bespülte Steine zurückwerfen.

Dies fällt mir jetzt in meiner Barke ein, und es scheint mir, es sei die Welt hier die Einlösung eines Versprechens, das damals die Glanzsteine des Aclettabachs einem Kind machten. Mir ist, als hörte ich von fern sogar das Gurgeln des Baches. Aber nein, es ruft einfach etwas unüberhörbar nach einem Ton, einem Klang, wenn die Welt um dich herum so unvergleichlich schön ist wie hier.

Eine stille Bucht ist ein Ort, der unsere Hörgewohnheiten ganz zu brechen vermag. Man sagt, das Wasser flüstere unentwegt. Man sagt auch, es halte Zwiesprache. Aber mit wem? Mit dem Wind? Und wenn kein Wind da ist? Mit der Sirene? Wer sich einem Zwiegespräch mit der Sirene zuwendet, dem weitet sich die Seele. Es wächst in ihm eine Sehnsucht für einen ganz bestimmten Klang heran. Für eine Stimme, wie sie nur die Sirene hat.

Der Gesang der Sirene gilt als gefährlich. Er bricht die Kette der Zeit. Der Hörende vergißt seine Absichten und Pflichten. Die Welt ist voll von Geschichten über solche, die aus Takt und Gangart geraten sind, weil sie der Sirene zugehört haben. Auf einmal übernimmt eine Gier nach Unendlichem dein Dasein. Du vergißt die Treue und versinkst in Verzauberung. Wer der Sirene zuhört, macht sich bereit, seinem bisher befolgten Lebensplan zu entsagen. Weder Zeit noch Gedächtnis leiten dich mehr, uneingeschränkte Lust nach Endlosigkeit übernimmt dich. Wer sich der Sirene überläßt, hat bald den Geschmack der Ewigkeit im Mund.

Es gibt wenige wirklich erfolgreiche Arten, um dem Terror der Zeit zu entkommen. Eine davon ist die Begegnung mit der Sirene. Weil die Menschen einen Schrecken vor Reisen ohne Rückkehr haben, erfanden schon die Griechen Tricks, um im Unermeßlichen nicht verlorenzugehen. Wer aber ermüdet ist an der ihm bekannten Welt und sich dem Tyrannen Chronos nicht mehr unterordnen will, geht zum Wasser und beginnt zu horchen.

Bei einer Antiquarin bin ich vor einigen Monaten auf einen apulischen Guttus gestoßen, auf dem eine Sirene abgebildet ist. Ein Guttus ist ein kleines Tongefäß mit einem Henkel und einem Schnabel, in dem man Öl oder andere Flüssigkeiten aufbewahrte, die man nur tropfenweise verwenden wollte. Diese Gutti sind auf ihrer Oberseite oft mit mythologischen Verzierungen versehen. Meistens haben die Verzierungen eher mit dem Totenkult als mit Eß- und Trinkriten zu tun. Die Sirene galt den Alten als eine »Muse des Jenseits«. Diese Muse aus einer anderen Welt auf dem erwähnten Guttus gefiel mir außerordentlich. Ich habe sie von der Antiquarin günstig erwerben können, weil diese nichts dagegen hatte, daß die Sirene künftig bei mir wohnte.

Meine Sirene ist vollbusig, hat einen schönen Göttinnenkopf und eine ganz enge Taille. Ihre Flügel sind von eleganter Beschwingtheit und Kraft, was ihrer ganzen Gestalt eine seltsam bewegte Anmut, aber auch Würde verleiht. Mir haben die homerischen vogelfüßigen und mit scharfen Krallen bewehrten Sirenen des Odysseus nie gefallen, wie sie da am Gestade sitzen, umgeben von »vielen Gebeinen modernder Toter, und es dorrt die Haut um die

Knochen« – selbst wenn sie so schön singen, daß Odysseus sie unbedingt hören will. Es ist auffällig, daß im Verlauf der Kulturgeschichte das Mädchenhafte der Sirenenkörper immer stärker betont und ihre grausame, dämonische und raubtierartige Seite immer unwesentlicher wird. Zentral aber ist stets ihr Gesang. Bei Sophokles singen die Sirenen die Lieder der Unterwelt, bei Euripides unterstützen sie auf Erden die Klagen der Trauernden durch ihren Gesang. Die christliche Kunst hat sie vor allem als Fischsirenen gesehen und sie zum Symbol der Seelen gemacht, die der Verführung und der Wollust erliegen. Eine schöne Sünde, für die schon Dante große Sympathie hatte! Das Spätmittelalter und insbesondere die Romantik wollten in den Sirenen wunderbare Nixen, Melusinen und Undinen sehen, jene weibliche Wesen also, die es zum Leben drängt und zur Berührung mit menschlicher Wärme und Liebe.

Meine Sirene auf dem Guttus hat nichts von einem häßlichen Raubvogel. Sie ist eine etwas unwirkliche, doch zaubervolle weibliche Gestalt – mit allerdings einem Fehler. Sie singt nicht. Um die Sirene singen zu hören, genügt es nicht, den Guttus hervorzuholen und die Sirene anzuschauen. Wenn ich das tue, höre ich nur: Fahre nach Süden, und du wirst meinen Gesang hören!

Der feinhörige Franz Kafka hat zwar vermutet, die schrecklichere Waffe noch als ihr Gesang sei das Schweigen der Sirenen. Aber Kafka war zu selten in den Buchten südlicher Inseln, um zu wissen, wie Sirenen wirklich singen. Ich kann ihm darin zustimmen, daß ein Leben, in dem die Sirenen schweigen, weit schrecklicher sein muß als eines, in dem man sie vernehmen kann. Daß sie überhaupt stumm und gesanglos sein könnten, wie er vermutet, wird niemand annehmen, der die Schönheit des Lebendigen zu treffen sucht.

Hier in der ägadischen Bucht ist die Sirene Lighea zu Hause. Ja, und wieder ist es Giuseppe Tomasi di Lampedusa, der wunderbare Erzähler des *Gattopardo*, der auch die Sirene Lighea zuerst gehört und beschrieben hat. Damals, zur Zeit des Professors Rosario La Ciura, war sie noch an der Ostküste Siziliens anzutreffen und suchte Männer heim in einer der Buchten bei Augusta. Nachdem sich dort die chemische Industrie niedergelassen hat, ist sie fortgezogen, um die Gegend nach unverdorbenen Buchten abzusuchen. Jetzt ist Lighea hier im Westen zu Hause und gibt sich jenen zu erkennen, die an den Küsten der Ägadischen Inseln ihre Stimme hören.

Laß dir kurz die Geschichte der sizilianischen Lighea erzählen. Eigentlich ist es die Geschichte, die der von Sizilien ausgewanderte Professor und Senator La Ciura, Gräzist und Spezialist für jonische Dialekte, in seinem Turiner Haus dem Corbèra Salina berichtet. Dieser Corbèra, aus altem sizilianischen Geschlecht und das Alter ego des Erzählers, arbeitet für eine Zeitung in Turin und trifft dort auf seinen Landsmann La Ciura. Der ist ein mürrischer Geistesaristokrat und Eigenbrötler, der nichts so sehr wie Ahnungslosigkeit und Dummheit haßt. Zu dem jungen Corbèra faßt er schnell Zutrauen. Die beiden Männer treffen sich zuerst im Café, später auch in der Wohnung des Gelehrten oder Corbèras. Und bald essen sie zusammen frisch aus Genua importierte Seeigel, trinken Ätnawein und schwärmen zornig vom fernen Sizilien. »Der Senator war einer von den Sizilianern, denen die ligurische Riviera, die für die Mailänder eine tropische Gegend ist, eine Art Island bedeutet.« Der alte Kenner weiß, daß die Seeigel nach Zitrone und die Liebe nach Paradies schmecken muß, damit sich das Leben lohnt. Er weiß auch, wo das Meer pfauenfarben ist, wo die Wellen schillern und die Küste wild ist und wo jene Plätze zu finden sind, »an denen einem diese Insel in ihrer Ewigkeit erscheint – diese Insel, die sich törichterweise von ihrer Berufung abgewandt hat: den Herden des Sonnengottes als Weide zu dienen«.

Dann, einen Tag vor der Abreise des Professors, treffen sich die beiden noch einmal in der Forscherhöhle des Alten. Und hier erzählt La Ciura dem jüngeren Freund mit leise verhaltener Stimme – denn »wichtige Worte darf man nicht schreien« – von seiner Jugendbegegnung mit der Sirene. Wie er sich zur Vorbereitung seiner Bewerbung auf einen Lehrstuhl, von nichts als schwarzen Oliven und Kaffee sich nährend, für einige Sommerwochen in ein kleines Haus am Meer zurückzieht, in völlige Einsamkeit und Konzentration; wie die Stille und die Verzauberung durch die Schönheit der sizilianischen Umgebung ihn für das Wunder empfänglich machen; und wie am frühen Morgen des 5. August 1887 die Sirene Lighea aus dem Meer auftaucht und ihn, den im Umgang mit Frauen ganz Unerfahrenen, heimsucht, spielend mit allen Reizen einer Frau aus den Tiefen des Meeres. Diese Lighea spannt den jungen Mann in einen dreifachen Zauber ein: den ihres Lächelns, den ihres Geruchs und den ihrer Stimme. La Ciura erlebt die Paradiese einer vergessenen Heiterkeit, den Duft einer ganz jungen Wollust und eine Stimme, die ihn sagen läßt: »den Gesang der Sirenen, den gibt es nicht. Die Musik, der man nicht entfliehen kann, ist allein die ihrer Stimme.«

Drei Wochen lang dauert die Zeit mit der Sirene. Lighea kommt und geht immer wieder, doch jede ihrer Umarmungen stürzt den Mann in einen Taumel, wonach er das Tierische vom Göttlichen nicht mehr unterscheiden kann. Die Sirene: Das ist Genuß der allerstillsten Ruhe und die allerfrechste Wildheit in einem Wesen. Wenn sie am Strand liegen, Arm in Arm, erzählt Lighea von tiefen Wasserregionen, wo Wahrheit anders als an der Oberfläche schimmert und scheint. Es ist das Reich, aus dem sie kommt und in das sie zurückkehren wird. »Ich bin alles, weil ich nur fließendes Leben bin, und nichts als das; ich bin unsterblich, weil aller Tod in mich einmündet, von dem des Stockfisches bis zu dem von Zeus; in mir vereinigt, werden sie wieder Leben, das nicht mehr persönlich und begrenzt ist, sondern panisch und daher frei.« Die Sirene lehrt den jungen Mann das Fest der Sinne; sie lehrt ihn aber auch eine Askese, »die nicht aus dem Verzicht kommt, sondern aus der Unmöglichkeit, künftig andere, geringere Lüste anzunehmen«. Nach zwanzig Tagen wirft sie sich in der Morgendämmerung wieder in die regenbogenfarbene Flut und ist für den angehenden Gelehrten für immer aus den Augen – nicht aber aus dem Sinn.

Am Tage nach seinem Bericht über die Zeit der Zwiegespräche und der Umarmungen mit der Sirene reist Professor La Ciura ab. Wir hören nur noch, daß er in Genua ein Schiff bestieg, um nach Süden zu fahren. Es soll seine letzte Reise sein. Aus Genua berichtet man der Zeitung, wo Corbèra arbeitet, daß Senator La Ciura nachts vom Deck der »Rex«, die nach Neapel fuhr, ins Meer gefallen ist. »Obwohl man sofort Schaluppen zu Wasser ließ, hat man den Körper nicht gefunden.«

Das alles ist lange her. La Ciura und Corbèra sind tot. Aber Lighea lebt. Und sie taucht auf, in den Buchten der Ägadischen Inseln. Willst du hören, was die Sirene der Cala Azzurra denen erzählt, die sie heute suchen?

Zuerst ihre Stimme. Du mußt sie dir vorstellen wie den Ton eines weich klingenden Cellos. Nichts Halbdeutliches und Verzagtes, sondern etwas mit strahlend endlosem Atem. Ihre Stimme vollbringt, was ein Meister-Cello nur in den Händen der wunderbarsten Cellistin kann. Denke an die Arpeggione-Sonate von Schubert und daran, wie das Streichinstrument sich da in Höhen und Tiefen ein- und aussingt. Die Stimme hebt an, sanft und leicht, als käme sie von weit her und hätte Dinge erfahren, um die sie immer noch zu trauern scheint. Was sie sagt, beginnt sie gleich auch zu umspielen, so als sei alles wichtig, die schlichte Botschaft und die kühnere Wiederholung. Bald wagt sie sich schon in weite Sprünge hinauf und hinunter, drängt nach oben und voran, um nach kurzem Zögern frech loszulegen mit einer Geschmeidigkeit und Leichtigkeit, die du noch nie vernommen hast. Manchmal traut sie sich weit in die Höhe, als sei ganz oben ein besonderer Zauber zu erhaschen, dann hüllt sie sich wieder in weiche Tiefen ein, springt neckisch von Ton zu Ton, als hüpfe sie von Stein zu Stein, wird trotzig und strahlend, und du kannst daran ganz neu lernen, was Singen und Jubeln ist. Das größte Wunder dieser Stimme aber ist das samtweiche Überwinden von Abstand und Weite, das zuwinkende und zuzwinkernde Lustfunkeln über jeden bewältigten Sprung. Diese Stimme hat Spannkraft und Fülle, auch dann, wenn sie dir etwas leise ins Ohr flüstert. Du spürst in ihrer Geschmeidigkeit ihre Entschiedenheit. Lachen und Weinen, Scherzen und

Trauern, Schmeicheln und Trotzen in einem Atemzug: das kann diese Stimme. Manchmal macht sie dir vor, was die federleichte Art des Nebenbei ist. Dann schnellt sie dir eine Tonfolge ins Ohr, daß du auffährst und erschrickst vor solchem Mut und solcher Zugriffslust. Bald wieder tändelt sie im Zwischenreich, schwebt sanft von einer Seelenfarbe in die andere, dehnt die Lust am Weiterkommen beinah ins Unendliche. Du glaubst, alles um dich herum sinke ein, so hauchend schwerelos kann sie sich zurücknehmen, und bist dankbar, daß sie neu einbiegt in etwas Vertrautes und Warmes, woraus sie dich nicht vertreiben will – sie will dich einbetten und verwöhnen. Hör dir einmal die siebenundsiebzig Weisen an, in denen die Cellostimme in Schuberts Arpeggione-Sonate singend erzählt, und du weißt, wie die Stimme der Sirene klingt.

Die südliche Lektion, die Lighea mir in der Cala Azzurra erteilt, ist sehr einfach. Sirenen sind verwundert nur über eines: daß Menschen leben und dabei so kümmerlich lieben. Niemand weiß, wofür Sirenen sonst gut sind. Doch was die Liebe betrifft, wissen sie alles und haben darüber unmißverständliche Ansichten.

Das Ankunftsgeschenk Ligheas ist ihr Kuß. Der alte La Ciura, nach der Begegnung mit der Sirene an der Liebe zu Frauen seiner Umgebung nicht mehr interessiert, hat es geahnt: »Schon tropfte die Sirene mir in den Mund jene Wollust, die euren irdischen Küssen gleicht wie Wein dem faden Wasser.«

Höre die Kußlehre der Lighea, die ich so im Gedächtnis habe: Von den gestohlenen Küssen will sie die zurückgebbaren; von den zurückgebbaren die nachwirkenden; von den nachwirkenden die umwälzenden. Von den Augenküssen die beidseitigen; von den Ohrenküssen die zartschalligen; von den Nackenküssen die hautkräuselnden. Aber dann hält Lighea in der Aufzählung inne und sagt: Beim Kuß muß dir die Seele auf die Lippen kommen. Machst du es richtig, läuft sie zitternd hinüber zum Geliebten.

Daß Küsse Leben einhauchen, gilt ihr als Prüfstein des Glücks. Wenn du eine Türe öffnest, irgendwo, und eine Frau steht da, die dir begehrenswert erscheint: Küsse sie herzhaft auf den Mund. Wenn sie es verwundert duldet, bist du zu neuem Glück unterwegs. Es müssen eure Lippen alles frisch erküssen, was eure laue Liebe schon vergessen hat, sagt Lighea. Sie, die unversehens aus der dunkeln Tiefe auftaucht und urplötzlich vor dir steht, muß es wissen.

Der meerschaumnasse Kuß: Das ist der Vorbote der Liebe und der Leidenschaft. Sich mit der Sirene einlassen bedeutet Freundschaft mit einer Meerfrau – und etwas mehr dazu. Lighea eröffnet mir an diesem Nachmittag in der Bucht der Cala Azzurra, was die Liebe ist.

Die Liebe, sagt Lighea, das ist die Arme ausstrecken, so wie ich es jetzt tue, weil ich auf dich warte. Liebe ist süße Gewalt, die mich zu dir drängt, suchendes Spiel und tändelndes Zögern, sanfte Umgarnung und schnelle Bereitschaft. Liebe ist Aufrauschen und Zucken, ein strudelndes Staunen und allmähliches Begreifen, wofür Hände und Lippen und alles, was dir gehört, eigentlich da sind. Liebe ist Wirrsal der Sinne, Betäubung der Absichten und Mut im Herzen, dich auf Waghalsiges einzulassen. Liebe verdrängt deine Trauer und hält unnütze Beschämung fern. Heimlichkeit ist bei ihr immer auch dabei, und Unverstand und

Tollkühnheit ebenso. Aber Liebe ist auch Erlösung von Zweifel. Sie ist Sicherheit vor Falschheit und Verrat. Wenn dir einleuchtet, was du bisher nie verstanden hast, dann mußt du wissen: Du liebst. Wenn dir etwas, das du beherrschst, plötzlich noch besser von der Hand geht, dann liebst du. Liebe ist Beben an Leib und Seele, sie ist Unersättlichkeit und tiefes Herzweh. Nur wenn du liebst, siehst du die Sterne am Nachthimmel wirklich strahlen. Das wahre Glitzern des Meeres im Mondlicht kann nur von Liebenden erfaßt werden. Als Liebender wirst du überhaucht von Wonnen, die du außerhalb der Liebe nie antreffen wirst.

Sei mutig und wirf dich in die Liebe hinein. Es ist ein Spiel, für das kein Einsatz zu hoch ist. Meine Liebe wird das Auffangnetz deines Wagemuts sein. Und du bist dabei immer der Gewinner! Liebe ist Gegenwart, der weder Vergangenheit noch Zukunft fehlt: Sie ist sich selbst genug. Du bist getragen von Fluten der Aufmerksamkeit und der Erwartung. Deine Fehler spielen keine Rolle, deine Schwächen zählen nicht. Wenn ich dich necke, spürst du meinen Stachel nicht. Wenn ich heftig mit dir bin, verletze ich dich nicht. Komm zu mir, leicht und beschwingt. Laß deine angeborene Vorsicht. Ich liebe dich, darum brauchst du nichts herbeizuwünschen, nichts wegzuräumen. Werfe die Bürde deiner Gedanken ins Meer. Ich nehme dir die Lasten von der Seele und wiege sie auf mit der Geschmeidigkeit meines Körpers. Sei nicht dumm und komm in meine Arme. Zieh ein in den Kristallpalast meines Herzens.

Man muß versuchen, täglich einen kurzen Augenblick im Paradies zu leben. Die Abendstunde mit Lighea in der Cala

Azzurra ist so ein Augenblick. Die Liebe verzerrt nicht die Wahrnehmung der Welt, sie schärft sie. Was unser Wünschen nährt und unsere Sehnsucht anfacht, ist die Grundlage unseres Daseins.

Willst du wissen, was Lighea mir gesagt hat, bevor sie an diesem Abend wieder in die Tiefe verschwand? »Laß uns ewig den Süden leben, bis wir mit ihm eins sind – Hand in Hand, Herz an Herz, Seele an Seele.«

Ein anderer Garten

»…se Paradiso si potesse in terra fare …«
»…wenn man denn auf Erden
ein Paradies einrichten könnte …«

(Giovanni Boccaccio, Decameron)

Sizilien ist der Garten der Götter. Sie halten sich aber nicht immer hier auf, weil sie anderswo Geschäfte haben, die sie von ihren Lustbarkeiten fernhalten. Für Gärten nach dem Geschmack der Menschen ist diese Insel nicht ganz der ideale Ort, obwohl es hier Villen und Paläste gibt, verborgene Innenhöfe und umfriedete Bezirke, die über das Reichste und Überraschendste verfügen, was der Erdboden bieten kann. Sonne, Wasser und Wind sind in Sizilien jedoch drei untereinander zerstrittene Herrscher, und wo sie sich nicht arrangieren und einander zuarbeiten, welkt und dorrt alles über kurz oder lang dahin.

Meine kleine Vorinsel ist erst recht mit schönen Gärten nicht überreich gesegnet. Die wenigen hier vorhandenen müssen sich verstecken in Tuffsteinniederungen und hinter Mauern, damit der Meerwind sie nicht zerzaust und in Flugsand verwandelt. Meine Insel ist so etwas wie der Spielgarten der Windgötter. Hier zu leben, setzt Liebe für die raffende Gier und die wirbelnde Lust einer jugendlichen Windgöttin voraus. Die lauschigen Ecken und schattigen Plätze im Grünen sind selten. Was den Launen der Winde und der teilnahmslos darüber lachenden Sonne nicht zu trotzen vermag, verkommt und geht ein. Suchst du Kühle und sichere Verstecke, mußt du dich in die Grotten zurückziehen. Diese aber sind die Ruhenischen des Meergottes Poseidon, und das ist ein rauher und ruppiger Geselle, der nicht begreift, daß manche Leute gelegentlich weich auf grünen Flächen gebettet sein wollen.

Ich weiß, daß du blühende Gärten und weitläufig schöne Parkanlagen liebst. Solche, wie sie die alten und reichen sizilianischen Familien einst besaßen, gehütet und gepflegt von strengen und doch überraschungsreichen Fürstinnen, unterstützt von Scharen von Gärtnern und Gehilfen. Sie hatten den Instinkt, aus ihrer Umgebung etwas aus Farben und Düften zu zaubern, das wie der Vorgeschmack des Paradieses war.

Das kann ich dir auf meiner Insel nicht bieten. Man muß hier sein Gartenbedürfnis anders stillen. Komm, wir sitzen auf meiner kleinen Terrasse, hier bläst uns kein Wind ins Gesicht. Es gibt nichts außer einem Tisch, zwei Stühlen und einem Sonnenschirm. Das Wichtigste allerdings: zwei erdenjunge und himmelsfrische Oleanderbüsche, die erst richtig schön sind, wenn Menschen, die Oleander gern haben, in ihrer Nähe sitzen. Ich hole kühlen Weißwein und marinierte Oliven, du läßt deine Augen schweifen über die Ziegeldächer der Häuser zum Monte Santa Caterina und zum Blauspiegel des Meeres. Im leichten Duft der weißen Rosenlorbeerblüten will ich dir von südlichen Gärten erzählen, die weit entfernt sind und uns dennoch beglücken.

Hast du je von den Gärten des Adonis gehört? Adonis, ein aus Assyrien stammender Gott, war jung und schön und imponierte darum den Griechen sehr. Er wurde bald zu einem der ihren. Kühn und leichtsinnig, wie schöne Männer es oft sind, ließ er sich mit einer mächtigen weiblichen Gottheit ein. Das ist gefährlich, und Adonis mußte dafür auch büßen. Zuviel Mut und zuviel Gunst erzeugt Neider und Feinde. Auf der Jagd wird Adonis getötet. Da aber Schönheit nicht sterben kann, muß er ins Leben zurückgeholt werden. So macht man aus dem schönen Jüngling eine Gottheit der Wiedergeburt. Dichter von der Antike bis zu unserer Zeit hat dieser Adonis wegen seiner sich immer erneuernden Schönheit in Atem gehalten. In farbigsten Variationen haben sie versucht, das Wesen dieses schönen jungen Mannes auszuloten.

In der römischen Kaiserzeit bereits gab es Gärten, die den Namen des Adonis trugen. Ihre Besonderheit lag darin, daß alle Pflanzen nicht in die Erde gesetzt wurden, sondern in Tontöpfe und Amphoren, die in langen eleganten Reihen aufgestellt waren; das bot den reichen Römern eine Möglichkeit, im Sommer ihren Geschmack und ihren Reichtum zur Schau zu stellen. Auf dem Palatin fand man Reste solcher Adonisgärten aus der Kaiserzeit. Die Pflanzen in den Tontöpfen wurden von Dienern und Sklaven umhegt und umsorgt, nicht weniger als der lebendige Adonis von der Schönheitsgöttin Aphrodite. Aber die Blumenpracht starb in jedem Sommer auch wieder dahin. Man pflanzte sie im folgenden Jahr neu.

Daraus entstand im Verlauf der Jahrhunderte ein Brauch, der in manchen Gegenden Siziliens heute noch praktiziert wird. Wenn es auf Ostern zugeht, setzen sizilianische Frauen in kleinen flachen Gefäßen Linsen, Weizen, Fenchel und Samen schnellwachsender Blumen in die Erde. Man hegt und pflegt die bald aufschießenden zarten Schößlinge so gut man kann, begießt sie täglich und sorgt dafür, daß sie bis zum Karfreitag so ansehnlich sind, daß man sie aufs Grab eines geliebten Menschen legen kann. Ganz wie in alten Zeiten, als man zur Verehrung des Adonis die jungen, eben erst gewachsenen Stiele, Blätter und Blüten der gesäten Pflanzen erntete, um sie zu Ehren des jung gestorbenen Gottes Adonis in frische Quellen oder ins Meer zu werfen.

Du brauchst nicht eine Anhängerin des Adonis-Kults zu werden. Aber die Idee, in schön gereihten Gefäßen aus Terrakotta auf einer Dachterrasse einen Sommer lang Pflanzen heranwachsen zu lassen, in deren Farbe und Duft man gern lebt, ist eine Alternative zu jedem zielstrebig angelegten Gemüse- und Blumengarten. Selbst hier in der Stadt werden wir eine Töpferei finden, die günstig runde Gefäße aus Terrakotta verkauft. Wir könnten eine schöne Doppelreihe aus je sechs Amphoren planen, um zu pflanzen, was das Herz einen Sommer lang erfreut. Einen Kapernstrauch zum Beispiel mit seinen kräftig würzigen Früchten. Kerbel und Dill, Zitronengras und Bitterorange, Waldmeister und Schwarzkümmel, Lorbeer und Rosmarin, alles, was du in deiner Nähe haben willst. Und, wenn du es vorziehst, auch Brennessel und Rapunzel, Stechapfel und Pimpinelle.

Hand aufs Herz: Eigentlich reichen doch die beiden Oleanderbüsche auf meiner Terrasse, um dem Sommer und dem Süden nahe zu sein. Dagegen müßte man viel mehr über die wirklich wunderreichen Gärten der Welt wissen. Über den Garten der Hesperiden zum Beispiel, in dem die goldenen Äpfel hingen. Über den Garten des Elysiums, wo »ein ruhiges Leben die Menschen immer beseligt«, wie Homer sagt. Über den Garten der Lüste, in dem heitere Unbefangenheit und höchste Sinnenfreuden friedlich nebeneinander herrschen, so sehr, daß wir früher oder später alle dorthin gelangen möchten. Denke an die Gärten, in denen für die Liebenden Granatbäume wachsen und wo aus Balsambeeten ein göttlicher Duft emporsteigt, der ihnen beweist, daß sie auf der richtigen Lebensspur sind. Oder an die Labyrinthgärten, in denen Verliebte sich im Spiel zu verlieren und danach wiederzufinden trachten. Und erst recht an die hängenden Gärten der Semiramis aus babylonischer Zeit. Was war das doch für ein unbeschreiblicher Aufwand eines Liebenden, der die kunstvollste Architektur, die augen- und nasenbetörendste Pflanzenvielfalt und die raffiniertesten Wasserspiele seinen besten Leuten abverlangte, um das Lächeln einer schönen Frau zu gewinnen! Der Garten, den ein großer Liebender einer Geliebten schenken will, liegt fast immer etwas südlich von seiner Vernunft.

Eigentlich müßte ich dir von Gärten erzählen, die es hier einmal gab, nun aber längst verschwunden sind. Zwischen 830 und 1040 unserer Zeitrechnung beherrschten die Muslime Sizilien und hinterließen zahlreiche Spuren ihrer Kultur auf der Insel. Es gibt kaum eine andere Religion, in welcher der Garten eine so zentrale Bedeutung gewonnen hat wie im Islam. Der Garten ist irdisches Abbild des Paradieses, Ort der fließenden Quellen und rauschenden Brunnen, Oase der Ruhe und der Meditation, Genußstätte der Gottliebenden, wo es neben dem Fluß, in dem unverderbliches Wasser daherkommt, noch drei weitere gibt, in denen Wein, Milch und Honig in berauschenden Mengen fließen. Die islamischen Völker feiern in ihrer Poesie die schönsten Gärten, die unsere Phantasie sich erträumen kann. In deren Mitte rauscht der Paradiesbrunnen Salsabil so wohltuend, daß man sich ohne ihn den Himmel gar nicht vorstellen kann. Die Gärten der persischen Sufi-Lehrer und der indischen Mogulherrscher sollen den Glanz und den Zauber übernommen und bewahrt haben, den die Gesandten des Kalifats von Bagdad im Frühmittelalter in Sizilien entfalteten. Solche Traumgärten liegen heute weitab, erreichbar nur, indem wir sie uns einbilden.

Von meiner Terrasse aus erblickt man gerade noch die Spitzen der Palmen, die im Vorgarten der Villa Florio die Dächer der Stadt überragen. Es sind dies nicht die schönsten Palmen, denn diese wachsen weit und breit in den großen Parks und Villengärten der Mutterinsel. Doch Palme ist Palme – zumal aus der Entfernung, und wo eine Palme ist, ist die Oase nahe. Jede noch so ungünstig gepflanzte Palme kann dafür einstehen, was die prächtigsten unter ihnen augenbetörend einlösen. Einen südlichen Garten ohne Palmen sich vorzustellen ist möglich, aber nicht eigentlich wünschbar. Ich muß für dich hier eine Palmengeschichte einfügen.

Zwischen 1917 und 1919 arbeitete Paul Valéry an einem Gedicht, das sich mit dem Wesen der Palme und zugleich mit dem Wesen der Poesie befassen sollte. Das Gedicht ging ihm nicht ganz leicht von der Hand, Valéry fing immer wieder an, änderte, verwarf und begann von neuem. Als seine Gedichtsammlung *Charmes*, die seine berühmteste werden sollte, 1922 zum ersten Mal erschien, setzte Valéry das Gedicht, das nun definitiv den Titel »Palme« trug, an den Schluß der Sammlung und widmete es seiner Frau Jeannie, die er mehr als zwanzig Jahre zuvor geheiratet hatte. Das Gedicht hat Rilke, wie übrigens die meisten dieser

Sammlung, sofort angesprochen, und er hat es übersetzt mit einem eigensinnigen Klang und einem Timbre, über die sonst keiner verfügte.

Valéry beginnt das Gedicht, als handle es sich um eine religiöse Verkündigungsszene. Ein Engel nähert sich dem Dichter, und unbekümmert um den eigenen Glanz setzt er ihm karg Brot und Milch auf den Tisch. Des Engels Botschaft für den um Visionen ringenden Dichter lautet:

>   »Calme, calme, reste calme!
>   Connais le poids d'une palme
>   Portant sa profusion!«

>   »Gelassen, bleibe gelassen!
>   Lerne die Last erfassen
>   einer Palme, die zahllos trägt!«

Sosehr die Palme sich oben auch ausbreitet unter der Last ihrer Blätter und ihrer Früchte: Erst dieses gewichtige Ausgreifen verleiht ihr ideale Form und inneres Gleichgewicht:

>   »Admire comme elle vibre,
>   Et comme une lente fibre
>   Qui divise le moment,
>   Départage sans mystère
>   L'attirance de la terre
>   Et le poids du firmament!«

>   »Bewundere ihr schwebendes Beben
>   und wie in ihren Geweben
>   eine langsame Faser entspricht,

um offen und oft zu entscheiden,
ob Schwerkraft der Erde zu leiden
sei, oder Himmelsgewicht!«

Wann immer ich die weit ausgreifenden Blätter und die eng anliegenden Früchte einer Palme über mir entdecke: Stets muß ich an diesen Balanceakt zwischen Himmelsgewicht und irdischer Anziehung denken, den der Dichter hier entdeckt hat. Die Palme wartet, trägt und hält stand, aber schwebt und strebt doch weiter und höher hinauf. Valéry vergleicht dieses Gleichgewicht mit der Weisheit einer Sibylle, die zwischen Schlaf und Willen zur Botschaft oszilliert: So ist auch die Palme reich im Erteilen von »appels et adieux« – von Aufruf und Rückzug. Der Wind fährt in die Palme hinein und bringt sie zum Klingen. Sie ihrerseits setzt dem Wind und dem gegen sie fliegenden Wüstensand entschieden ihr eigenes Sein entgegen. Diese sichere Selbsteinschätzung ist ihr wie ein Gesang, in dem sich die eigenen Sorgen auszusingen vermögen. Manchmal freilich ist sie, so zwischen Himmel und Sand gesetzt, auch abwesend, ihrer selbst entzogen, und kennt sich kaum mehr – und doch läßt auch in solchen Augenblicken das Licht der Sonne in ihr leise und unbemerkt einen Honig heranwachsen, Tag für Tag, dessen Süße Rilke so beschreibt:

»Seine Süße ist ihm bemessen
durch ein göttliches Währen, dessen
Tiefe die Tage nicht zählt,
sondern es birgt sie im Grunde
des Saftes, der Stunde um Stunde
alle Düfte der Liebe vermählt.«

Wenn der Dichter zwischen Verzweiflung und Tränen schwebt, weil aus ihm nur Unlust und Schwäche zu kommen scheinen, mag er bedenken, daß vielleicht wie bei der Palme leise und verschwiegen auch in ihm eine Kraft heranwächst und eine Hoffnung, daß allmählich etwas zur Reifung komme.

>Ces jours qui te semblent vides
Et perdus pour l'univers
Ont des racines avides
Qui travaillent les déserts.<

>Diese Tage, die leer dir scheinen
und wertlos für das All,
haben Wurzeln zwischen den Steinen
und trinken dort überall.<

Die Palme holt mit ihrem feinen Wurzelgeflecht aus den Tiefen des Bodens und dem Dunkel der Erde das Wasser, das sie in ihren Gipfeln braucht.

>Patience, patience,
Patience dans l'azur!
Chaque atome de silence
Est la chance d'un fruit mûr!<

Geduld also – da oben in den blauen Höhen. Die Zeit muß reifen, der Weg dahin ist weit und muß erdauert werden. Aber in jedem noch stillen Atom wartet eine reife Frucht. Man muß nur ausharren können.

Da fliegt auf einmal eine Taube heran, ein leichter Windstoß berührt die Palme, eine Frau lehnt sich gegen ihren Stamm: Und schon regnen leicht und unerwartet die Früchte herab, die jene, die auf sie warten, glücklich machen. Jetzt stürmt auch die große Menge heran und wirft sich gierig auf die Früchte des Himmels und rafft alles zusammen, was sich holen läßt und was die Palme nur hergibt:

> »Tu n'as pas perdu ces heures,
> Si légère tu demeures
> Après ces beaux abandons;
> Pareille à celui qui pense
> Et dont l'âme se dépense
> A s'accroître de ses dons!«

> »Dich mindert nicht das Verreichte,
> wie heiter und schön deine leichte
> Gestalt nach dem Geben verweilt;
> ähnlich wie der, der im Denken
> wächst, wenn er weithin das Schenken
> seiner Seele verteilt!«

Gewiß, es ist dies ein Mutgedicht des Dichters Valéry für sich und die eigene Zunft: nicht zu verzweifeln, wenn die Früchte des Schaffens auf sich warten lassen. Rilke, der nach Phasen des Ausbruchs seiner Kreativität immer wieder lange Wartezeiten hinzunehmen hatte, bis Neues in ihm herangereift war, griff auch darum lustvoll nach diesem Text, um ihn in sein eigenes Sprachempfinden umzuformen, weil das Gedicht genau seiner Lebenserfahrung entsprach.

Und doch: Du hast es hier nicht allein mit einem Programm für Dichter zu tun; in erster Linie ist »Palme« eine phantastische Einfühlung in das Geheimnis von Wachstum und Reife einer Pflanze. Denn schön ist die Palme ja auch, weil sie so unbeirrt zwischen Sand und Himmel zu bestehen vermag, weil sie allem Widrigen trotzt und geduldig leichteren Tagen entgegenwächst. Die Palme, das ist Schönheit, die im Kargen aufzublühen und zu gedeihen versteht und ihre Früchte ohne Krampf, Anstrengung und Bedauern schenkt, wenn dafür die Zeit gekommen ist. Süden bedeutet, ein Garten zu sein für solche Palmen.

Ist auch dies noch nicht der Garten, den ich für dich im Süden finden soll? – Ich kenne einen weiteren, der mir nicht aus dem Kopf will. Er liegt zwar nördlicher, in der Nähe von Florenz, doch für Menschen aus den Alpen ist Florenz schon mehr als der halbe Süden. Gut versteckt ist er, außerhalb der Stadt, nahe bei Fiesole. Dahin könnte sich im Jahr 1348 die kleine Schar von Frauen und Männern auf der Flucht vor der Pest zurückgezogen haben, um im Schutz eines blühenden Gartens dem sicheren Tod, der in der Stadt wütete, zu entgehen. Auf dem Camposanto von Pisa gibt es ein Bild, vermutlich von Buonamico Buffalmacco, auf welchem die Situation jener Jahre dargestellt ist: Unter einer Reihe von Bäumen sitzt eine Gruppe von zehn jungen Menschen, in Gespräche verwickelt, mit Musikinstrumenten versehen, beim Studium oder bei der Meditation, während außerhalb dieses Gartens überall die Hölle tobt. Teufel und Engel holen die Seelen der unzähligen Pesttoten ab, fliegen himmelwärts mit ihnen oder zerren sie zum Felsen der Verdammten. Der Tod wütet – doch im Garten übt man jene Tätigkeiten aus, denen die höfische

Kultur einen besonders hohen Stellenwert beimaß. Über den Erwählten wachen im Flug zwei nackte Engel, die jedem den Zutritt verwehren, der die glücklich Versammelten mit ansteckender Krankheit und Tod zu behelligen versucht.

So etwa kannst du dir die Situation jener Menschen vorstellen, die Boccaccio in seinem *Decameron* schildert. Man sitzt zehn Tage lang sicher vor der Pest im Garten eines Schlosses, um einander zu unterhalten mit Geschichten erbaulicher, komischer oder frecher Art. Ein Fest des Lebens wird in diesem Schloßgarten veranstaltet, um dem Irrsinn des Todestreibens in der Welt zu entgehen. Den Garten, worin dies alles stattfindet, hat Boccaccio in der Einleitung des dritten Tages liebevoll geschildert. Zuerst wird der Palast beschrieben, die großen Säle, die reiche Ausstattung der Gemächer; darauf begibt man sich in den Hof, besichtigt die Keller und ist voll des Lobes über die Anmut der Einrichtungen und über die erfrischenden Köstlichkeiten, die herumgereicht werden. Höre nun, zu welchem Garten man dann gelangt:

»Hierauf ließen sie sich einen von Mauern umgebenen Garten öffnen, der sich an den Palast anschloß, und traten ein; und sie fanden ihn gleich beim Eintritt von so wunderbarer Schönheit, daß sie mit größter Aufmerksamkeit an die Betrachtung der Einzelheiten gingen. Ringsherum und nach allen Richtungen im Innern liefen pfeilgerade, breite Wege, überlaubt von Weinreben, die für dieses Jahr eine reiche Traubenernte versprachen; und da sie damals in der Blüte standen, strömten sie zusammen mit den anderen Gewächsen, die im Garten dufteten, einen solchen Wohlgeruch aus, daß sich die Gesellschaft mitten unter alle Spezerei des Morgenlandes versetzt wähnte. Und diese Gänge waren, so wie oben durch das Rebendach, an den Seiten überall mit Hecken von weißen und roten Rosen und Jasmin gleichsam geschlossen, so daß man sich unter dem lieblichen, würzigen Schatten nicht nur am Morgen, sondern auch wann die Sonne am höchsten stand, nach Belieben ergehn konnte, ohne von den Strahlen getroffen zu werden. Wie viele und was für Pflanzen dort wuchsen und wie sie verteilt waren, das zu schildern wäre zu weitläufig: aber von allen Nennenswerten, die unser Himmelsstrich gedeihen läßt, war nicht eine, die dort nicht im Überflusse vorhanden gewesen wäre.«

In der Mitte des Gartens liegt eine Wiese, von tausenderlei Blumen bewachsen, umgeben von einem Reigen von Orangen- und Zitronenbäumen, halb mit duftenden Blüten, halb mit reifen Früchten behangen. Inmitten dieser Wiese steht ein kunstreich gefertigter Brunnen aus weißem Marmor. Aus einer Säulenfigur schießt ein mächtiger Wasserstrahl in die Höhe, sein Wasser fällt plätschernd zurück in eine Brunnenschale, die aber zu klein ist, um alles aufzufangen, und so fließt das Wasser in geschickt angelegten Gräben durch den gesamten Garten, um am unteren Ende der Anlage zu einem fließenden Bach zusammengefaßt zu werden, mit dem zwei Mühlen angetrieben werden. In Boccaccios Garten ist man einhellig einer Meinung: So hat man sich das Paradies zu denken, sofern es auf Erden ein solches geben kann. Alle sind glücklich und zufrieden, lustwandeln unter dem Gesang und Gezwitscher der Vögel, entdecken die hundert Arten von Tieren, die sich auch noch im Garten tummeln – »ciascuno a suo diletto« – »jedes nach eigener Lust und Laune« –, und um die Mittagszeit sitzt man bei einem gedeckten Tisch am Springbrunnen. Jetzt wird gegessen, getrunken, gesungen und getanzt, bis die Hitze die glückliche Schar daran erinnert, daß es Zeit für die Siesta ist. Die einen ziehen sich zurück zum Schlaf in die kühlen Gemächer des Schlosses, eine Gruppe bleibt im Schatten der Hecken und Lauben zurück, man liest Romane, spielt Schach oder döst und träumt vor sich hin. Am späteren Nachmittag trifft man sich wieder am Springbrunnen, kommt in vertrauter Runde zusammen und beginnt mit dem »novellare« – dem gegenseitigen Erzählen von Geschichten. Und an diesem dritten Tag trägt jeder der zehn Versammelten eine Geschichte vor über Leute, »die durch Geschicklichkeit etwas Heißersehntes erlangt oder das Verlorene wiedergewonnen haben«. Das ist Boccaccios Garten.

Im Nachwort seines Buches weist Boccaccio darauf hin, daß es Dinge gibt, mit denen man sich in der Kirche beschäftigt, andere wiederum, die in die Schulen der Philosophen gehören, und schließlich solche, für die der Garten der richtige Ort ist. Er ist überzeugt: Gärten sind für den Genuß des Lebens da. Für die Pflege der Lebensfreude gibt es für ihn keinen besseren Ort als einen schönen Garten, sofern denn Leute sich da einfinden, die frisch und frei einander davon zu berichten wissen, was die Menschheit am heftigsten bewegt: die Liebe.

Ist es dieser Garten, den ich für dich im Süden finden muß?

Die blaue Stunde

Welche sind die Farben des Südens? Wenn ich im Norden bin und Südfarben sehen muß, gibt es eine Möglichkeit: Ich kann ins Museum. Das Kunsthaus in Zürich besitzt ein Bild, das ich häufig sehe, wenn der graukalte Winter über der Stadt hängt und den Himmel und die Seele bedeckt. Dieses Bild hat nichts Knalliges und Blendendes. Im Gegenteil, es ist sogar abendlich düster, und Dunkelzonen breiten sich über seine ganze Fläche aus. Außer Blau, Ocker, Grün, einem rätselhaften Violett für die schattige Ferne und einigen hellbeigen, unbemalt gebliebenen Leinwandflecken gibt es da nichts an Farben. Und doch scheint mir kein anderes Bild der nicht gerade armen Sammlung südlicher zu sein. Es nährt deinen Sehnerv und dein Lichtorgan mit einer Wärme wie sonst kein anderes. Das Licht ist erdschwer geworden, es hat sich materialisiert, ist aus den hell-dunklen Grenzen heraus – und in die Farben der Landschaft eingeflossen, so daß die zur wärmenden Natur geworden ist. Vor diesem Bild zu frieren ist undenkbar. Es ist die Schönheit, nicht die Kälte, die dir beim Sehen ein Schaudern über den Rücken jagt.

Das Bild gehört in jene späte Serie von Landschaftsdarstellungen, mit denen Cézanne zwischen 1904 und 1906 in Aix seinem Hausberg, der Montagne Sainte-Victoire, die letzten Geheimnisse abzuringen suchte. Weißt du, daß dieser eigensinnig hartnäckige Mann zwischen 1885 und 1906, seinem Todesjahr, von fünf verschiedenen Positionen aus immer wieder versucht hat, den Farb- und Lichtzauber der

Umgebung dieses fernen Riesen künstlerisch zu bewälti-
gen? Als man sein neues Atelier baute, entdeckte er von der
Anhöhe des Chemin de Lauves aus eine Stelle, an der sich
der Berg ihm in einer besonders hörnigen und trotzigen
Gestalt zeigte. Hier hat er an lichtwarmen Nachmittagen
seine Staffelei aufgestellt und, alt und gesundheitlich ange-
schlagen, eine Serie von Bildern geschaffen, die an Farbein-
fühlung alles noch einmal in den Schatten stellen, was dieser
Magier der Farben schon früher vollbracht hatte. Je zorni-
ger, bockiger und bösartiger er mit den Banausen unter den
angeblichen Kunstkennern seiner Stadt Aix wurde, um so
gelöster, offener und mutiger war er, das, was er vor seinen
Augen sah, auf die Leinwand zu bringen.

Über Cézannes Umgang mit Farbe ist viel geschrieben
worden. Er selbst ärgerte sich darüber, wenn die Literaten
viele Worte machten und dabei das Entscheidende nicht
sahen: »Um Fortschritte zu machen, gibt es nur die Natur,
und im Kontakt mit ihr wird das Auge erzogen.« Das war
sein Credo, das er jüngeren Kollegen vortrug. Einem Re-
dakteur schrieb er 1905: »Mein Alter und meine Gesund-
heit werden mir niemals erlauben, daß ich den Traum von
Kunst wahr mache, um den ich mich mein Leben lang
bemüht habe.« Man müsse versuchen, die schöne Natur zu
begreifen und dieser, dem eigenen Temperament entsprechend, Ausdruck geben. Man dürfe nicht »modellieren«,
sondern müsse »modulieren«. Wenn er an Malerkollegen
etwas aussetzte, dann war es »die Klanglosigkeit ihrer Farb-
töne«. Dem viel jüngeren Emile Bertrand, bei dem er
schnell erkannte, daß der ein akademisch steriler Nachah-
mer bleiben würde, gestand er einen Monat vor seinem
Tod: »Ich studiere noch immer vor der Natur, und mir

scheint, ich mache langsam Fortschritte.« Dickköpfig, hart-
näckig und ungemein einfühlsam für jede Lichtspur und
jeden Schattenflecken malte er bis in die Herbsttage des
Jahres 1906 hinein seinen Berg und bannte dunkle Farben-
spiele auf der Leinwand, wie es vor und nach ihm niemand
mehr auch nur annähernd zustande brachte.

Das größte Staunen über diese atmosphärisch warmen
Farben löst vielleicht Cézannes Umgang mit der Farbe Blau
aus. Man müsse eine ausreichende Menge Blau zumischen,
um die Luft fühlbar zu machen, hat er einmal behauptet.
Rilke ist im Mai 1909 nach Aix en Provence gefahren, um
an Ort und Stelle die Farbqualitäten der Natur zu überprü-
fen, die ihn an den Bildern Cézannes so übermäßig fessel-
ten, nachdem er sie ein Jahr nach Cézannes Tod in Paris in
einer Ausstellung erlebt hatte. Damals hatte er seiner Frau
aus Paris geschrieben, daß der Verkehr der Farben untereinander, ihr Alleinsein und ihr gegenseitiges Sich-Ausein-
andersetzen, das Rätsel dieser Malerei sei. Es brauchte einen
Dichter, um das zu entdecken und es dann so formulieren
zu können. Und heute kann jeder diese Blau-, Grün- und
Ockerwunder des abendlichen Südens mit seinen Augen
und seinem Körper erspüren, wenn er vor einem späten
Bild Cézannes und seiner Montagne steht.

Wenn du auf meiner Insel bist, hast du das Grün der
Provence nicht. Der Tuffstein hat auch ein rötlicheres Ok-
ker als die Häuser, die Cézanne von seinem Malposten aus
in der Ferne erblickte. Etwas aber setzt hier eine vergleich-
bare Magie frei wie die Farben Cézannes: das Blau, das sich
dann zeigt, wenn es hier dämmert. Ich bin anfällig für Blau-
töne, und dies nirgends mehr als im Süden. Am späteren
Abend, wenn der Wind still ist, die letzten Schiffe zur gro-

ßen Insel hinüber gefahren sind und der Hafen sich geleert hat, gehe ich bis zum Ende der Kaimauer und setze mich auf eine der noch warmen Steinstufen. Das ist meine blaue Stunde.

Blau gilt als die tiefste Farbe, die ärmste an Materie, die kälteste, die reinste. Sie hat etwas Überirdisches, aber auch Unbestimmtes und Fernes. Im Blau verschwinden die Dinge: der Fisch im Meer, der Vogel im Himmel, der Klang in der Luft. Man könnte auch sagen, daß Blau eine Art Leere ist, die sich konzentriert und komprimiert hat. Jemand hat darüber gestaunt, daß das Meer blau sei, wenn man sein salziges Wasser aber in die Hand nehme, sei es weiß. Das Blaue führe immer etwas Dunkles mit sich, meinte Goethe, diese Farbe sei »eine Energie, allein sie steht auf der negativen Seite und ist in ihrer höchsten Reinheit gleichsam ein reizendes Nichts. Es ist etwas Widersprechendes von Reiz und Ruhe im Anblick.« Wußtest du, daß die alten Griechen für Blau kein Wort hatten? Wenn Homer vom Meer spricht, nennt er es dunkel. Das Meer ist »hydor melan – schwarzes Wasser«. Das Schattig-Dunkle und Finster-Düstere, wie tiefes Wasser erscheint, war für diese Seefahrer die charakteristische Farbe des Meeres. Das »glaukós«, mit dem sie die blauen Augen schöner Göttinnen bezeichneten, heißt eigentlich nicht blau, sondern hell leuchtend, funkelnd, schillernd. Dabei kannten die Ägypter doch schon den wertvollen blauen Lapislazuli, dessen Farbe sie verwendeten, um für die Seelen in der Unterwelt den Morgen der Ewigkeit darzustellen. Und sicher haben die Griechen ihre Statuen stellenweise auch mit bläulicher Farbe bemalt – nur eben: Der Himmel und das Meer galten ihnen nicht als blau, sondern als hell und dunkel.

Ich selbst habe hell strahlendes und tief geheimnisvolles, ja augenbekehrendes Blau erst entdeckt, als ich zum ersten Mal in Assisi Giottos Fresken sah in der Oberkirche der Basilika – Szenen aus dem Leben des Heiligen Franziskus. Ich weiß nicht, welche Stein- und Pflanzenfarben Giotto und seine Gesellen gerieben und gemischt haben, um so eine Vielfalt von leuchtenden und verschatteten Blaus zu gewinnen. War es Lapislazuli, Indigo, Azurit oder etwas, das nur Eingeweihten bekannt sein durfte? Denke an das Bild, auf dem Franz dem verarmten Adligen seinen Mantel schenkt. Hier hast du unzählige Blaustufen vereint: vom großflächigen blaugrünen Himmel zu der bläulich schimmernden Stadt im Hintergrund; man sieht die aufgelichtete Blauwiese an der Stadtmauer mit den kräftiger eingedunkelten tiefblauen Olivenbäumen, das Kleid des Heiligen, den Rand des Mantels, die Kopfbedeckung des Adligen: eine blaue Fülle, die der Landschaft und dem Ereignis etwas geradezu Wundersames verleiht. Oder noch rätselhafter: die impressionistisch abgestufte Folge von heller Himmelsfarbe und dunklerer See- oder Lagunenfarbe auf jenem Bild, wo der Heilige mit einem Bruder durch das Sumpfgebiet Venedigs wandert und hört, wie im Schilf eine Vogelschar singt und zwitschert. Diese lobsingende Kreatur ermutigt den Heiligen, auch ein Gebet zu Gottes Ehren anzustimmen, und er will dies seinem Begleiter mitteilen. Doch der Lärm des Gezwitschers ist so groß, daß die beiden ihr eigenes Wort nicht verstehen. Da wendet der Heilige sich an die Vögel und bittet sie zu schweigen, bis auch er und sein Mitbruder ihr Lobgebet gesprochen hätten. Und siehe da, die Vögel schweigen und verharren ruhig und leise an Ort und Stelle, bis die beiden ihr Gebet beendet haben.

Kaum aber erteilt ihnen der Gottesmann die Erlaubnis zu singen, zwitschern sie in gewohnter Weise fröhlich weiter.

Wenn es für Wunder eine »richtige« Farbe gibt, dann ist es die blaue. Hier auf meiner Insel wandeln keine Heiligen mehr, und darum ist Blau nicht die Farbe des Wunders, aber vielleicht doch die der Grenzenlosigkeit und auch ein wenig die der Melancholie. Wenn ich an der Ufermauer sitze, die dunkle Weite des Meeres und die leicht hellere Tiefe des Himmels sehe, an der bereits die ersten Sterne leuchten, ist dies zwar nicht der Ort der Wunder, aber der des Staunens und des Wünschens ist es doch.

Wie viele blaue Wünsche habe ich bei dir frei? Drei, wie bei allen gütigen Feen? Ich will mir das Wünschen bis zum letzten Atemzug nicht abgewöhnen, und darum wünsche ich als erstes nicht das, was mich für immer wunschlos machte. Nein, aus der Erfüllung jedes Wunsches sollen sieben neue entstehen.

Hast du schon einmal von Arion gehört? Wenn ich jetzt südwärts zum Himmel schaue, glaube ich Wega zu sehen, den hellsten Punkt im Sternbild der Leier. Und diese Leier ist das Instrument des Arion, eines griechischen Sängers und Dichters, der nach verbürgten Quellen auch hier in Sizilien war. Zuerst gehörte die Leier gar nicht ihm. Denn gebaut hat sie Hermes, der erfinderische Götterbote, der eine Schildkröte verspeist und aus ihrer Schale geschickt mit Schilfrohr und sieben Schafdarmsaiten ein wohlklingendes Instrument gebastelt hat. Eigentlich aber interessierte den raublustigen und geschäftstüchtigen Hermes die Musik wenig. Deshalb handelte er mit seinem größeren Bruder Apollon, den die Musik der Leier von Anbeginn packte, bis dieser ihm für das Instrument die Hälfte seiner Rinderherden gab. In der Hand Apollons blühte das Instrument erst richtig auf und beglückte alle, die das Schöne mehr als das Nützliche lieben.

Apollon, der Freund und Begleiter der Musen, gab die Leier nur an die begabtesten unter den Wort- und Tonkünstlern weiter. Etwa an Orpheus. Zu den von Apollon Begünstigten gehörte auch Arion, der in Korinth am Hofe des weisen Tyrannen Periandros um das Jahr 600 vor unserer Zeit lebte. Schon damals reisten große Künstler gern, und so kam Arion auch nach Sizilien und Italien und verdiente sich mit seiner Kunst eine goldene Nase. Nach seiner erfolgreichen »Tournee« schiffte er sich wieder ein, um nach Korinth zurückzukehren. Auf dem Schiff roch die unfeine Mannschaft den Reichtum des Künstlers und beschloß, den Mann zu berauben und ihn ins Meer zu werfen. Arion sprach eine letzte Bitte aus: Vor seinem Tod wollte er nochmals singen und spielen dürfen. Man erlaubte es ihm. Als der Künstler auf der Ruderbank seine Leier in die Hand nahm und zu singen begann, stürzte er sich auf einmal mit seinem Instrument selbst in die Tiefe. Es hatten sich aber, vom Gesang angezogen, Delphine um das Schiff gesammelt, die ja nicht nur menschenfreundlich, sondern auch als singende Wesen bekannt sind. Einer dieser Delphine schwamm unter den Künstler, hob ihn in die Höhe und trug ihn auf seinem Rücken heil an Land. Nachdem das Schiff in Korinth angekommen war, wurden die Schiffer zur Rechenschaft gezogen. Arion aber war durch sein Leierspiel und seinen Gesang gerettet worden, weil die hellhörige Kreatur für die Kunst ein Ohr hat. Darum setzten die Götter mit Arions Leier auch den Delphin an den

Sternenhimmel. Du kannst ihn und Arion im Mosaikboden der Villa Casale in Piazza Armerina sehen. So sehr bewegte das Los dieses Mannes die kunstsinnigen Sizilianer der späten Römerzeit, daß sie den Künstler und seinen Delphin täglich vor Augen haben wollten.

Das ist nur eine dieser alten Geschichten über die alles bewegende Macht der Musik. Denn es ist die Musik, die wie nichts anderes die Herzen der Menschen erfaßt und bewegt, und wo Menschen dafür taub geworden sind, greift zum Heil der Musikanten die Natur selber ein. Hier in meiner blauen Stunde höre ich das leise Murmeln der Wellen, wenn sie die Ufersteine umspülen. Wenn ich aber die Leier am Himmel über meiner Insel erblicke, habe ich den Wunsch, Delphin sein zu können für jemanden, der wie Arion die Leier zu spielen versteht. An windfreien Abenden kann es hier so still sein, daß du dir einbildest, von weit her Arions Stimme zu hören. Oder ist es nur der Delphin, der nach einem neuen Arion ruft? Komm – und wir lauschen gemeinsam hinaus in die Nacht, was da singt und ruft.

Wenn ich im Westen, nahe am Horizont, jetzt die Venus leuchten sehe, weiß ich, welcher mein zweiter Wunsch ist. »Hesperos, von den Sternen allen der schönste«, hat Sappho ihn besungen. Den Griechen galt er als der Abendstern, doch weil er heller leuchtete als alle anderen, wußte man, daß dies der Stern der Schönheit und der Aphrodite sein mußte. Die große Dichterin aus Lesbos, über die im Lauf der Geschichte viel Unsinn geschrieben wurde, hat eine Anrufung Aphrodites geschrieben, die zum Schönsten gehört, was aus altgriechischer Zeit zu uns gelangt ist. Hier ist sie – in der Übersetzung von Joachim Schickel:

»Bunten Thrones ewige Aphrodite,
Kind des Zeus, das Fallen stellt, ich beschwör dich,
nicht mit Herzweh, nicht mit Verzweiflung brich mir,
Herrin, die Seele.

Nein, komm hierher, so du auch früher jemals
meinen Ruf vernommen und ganz von ferne
hörtest darauf und ließest des Vaters Haus, das
goldne, und kamst, den

Wagen im Geschirre. Dich zogen schöne
schnelle Spatzen über der schwarzen Erde,
flügelschwirrend, nieder vom Himmel durch die
Mitte des Äthers,

gleich am Ziele. Du aber, Selig-Große,
lächeltest mit ewigem Antlitz und du
fragtest, was ich wieder erlitten, was ich
wiederum riefe,

was ich maßlos wünschte, daß mir geschähe,
rasend in der Seele. ›Ja, wen soll Peitho
deinem Liebeswerben verführen, wer, o
Sappho, verschmäht dich?

Ist sie heut noch flüchtig, wie bald schon folgt sie,
ist sie Gaben abhold, sie selbst wird geben,
ist sie heut noch lieblos, wie bald schon liebt sie,
auch wenn sie nicht will.‹

Komm zu mir auch jetzt; aus Beschwernis lös mich,
aus der Wirrnis; was nach Erfüllung ruft in
meiner Seele Sehnen, erfüll. Du selber
hilf mir im Kampfe.«

Diese Dichterin, die ihr eigenes Fühlen und Empfinden
zum Maßstab machte für alles, was sie über Liebe und Leid,
über die Glut und die Kälte des Lebens und über das Glück
und das Verhängnis von Liebenden in Versen und Strophen,
Hochzeitsliedern und Tanzgesängen zu sagen hatte, ist von
einer Direktheit, die uns heute noch verblüfft. Auf Lesbos
geboren, hat sie dort als vornehme Frau gewirkt, die in
ihrem Kreis junge Mädchen auf das Leben und die Hochzeit vorbereitete. Eine Erzieherin für begüterte Kreise
wohl, die selbst eine Tochter hatte, von der sie in ihren nur
als Fragmente vorhandenen Gedichten liebevoll spricht.
Erst in späteren Zeiten haben zweitrangige Komödien-
autoren aus ihr eine Nymphomanin gemacht, die Frauen
verführt, sich dann aber aus Liebe zum schönen Schiffer
Phaon, der eine andere ihr vorzieht, von einem Felsen ins
Meer stürzt. Sie selbst muß ums Jahr 600 herum auf Lesbos
bei einem Machtwechsel in Ungnade gefallen sein, ging in
die Verbannung und kam – du wirst es nicht glauben – nach
Sizilien. Hier dichtete sie, hielt Zwiesprache mit der Liebesgöttin und dachte sich unvergeßliche Verse aus darüber,
was den Menschen am meisten unter die Haut geht.

Diese Lobeshymne auf Aphrodite ist zweierlei: Anerken-
nung jener Gottheit, die unter den Himmlischen die aller-
mächtigste ist und, wenn das Herz leidet, auch als einzige
helfen kann. Sie muß nur von ihrem Thron herabsteigen und
zu den Leidenden eilen. Die Hymne ist aber auch eine

Klärung dessen, was die Macht der Liebe anzurichten vermag. Sappho läßt Aphrodite selbst sprechen: Wen denn soll Peitho – das ist die Göttin der erotischen Verführung und eine Zwillingsschwester der Ananke, Göttin des zwanghaften Schicksals – überreden und für dich gewinnen? Wer verhält sich dir gegenüber so, daß du leidest? Aphrodite wird ihre Verehrerin Sappho nicht im Stich lassen. Sie wird die Herzen der Betroffenen umkehren. Wer bisher gleichgültig war, wird süchtig werden vor Liebe; wer nichts hergeben wollte, wird alles hergeben; wer nicht wußte, was Liebe ist, wird, außer was Liebe ist, nichts wissen. Ich werde dir die liebende Person zu Füßen legen! Das ist das Versprechen der Aphrodite. – Höre noch diese Sappho-Zeilen:

»Scheinen will mir, er komme gleich den Göttern,
jener Mann, der dir gegenüber nieder-
sitzen darf und nahe den süßen Stimmen-
zauber vernehmen

und des Lachens lockenden Reiz. Das läßt mein
Herz im Innern mutlos zusammenkauern.
Blick ich dich ganz flüchtig nur an, die Stimme
stirbt, eh sie laut ward,

ja, die Zunge liegt wie gelähmt, auf einmal
läuft mir Fieber unter der Haut entlang, und
meine Augen weigern die Sicht, es über-
rauscht meine Ohren,

mir bricht Schweiß aus, rinnt mir herab, es beben
alle Glieder, fahler als trockne Gräser

bin ich, einer Toten beinahe gleicht mein
Aussehn...

Aber alles trägt sich noch, da...

So bricht der Gesang ab, und kein Mensch weiß, was Sappho hier noch sagen wollte. In diesem Fragment eines Hochzeitsliedes ist vieles unklar, nur eines nicht: daß Liebe – ihre atemraubende Gewalt und wohl ebenso die Gefahr, sie könnte sich wieder verziehen – den Körper schüttelt und zurichtet, daß man sich oft mehr tot als lebendig vorkommt. Meint Sappho am Ende etwa, daß man das als Liebende alles hinzunehmen und zu ertragen habe? Oder will sie andeuten, daß Liebesglück und Liebesleid wiederkehrende Erfahrungen sind, grausam in ihrer Unbeständigkeit und doch das, was wir uns eigentlich ersehnen? Niemand hat in dieser frühen Zeit in ähnlich bewegter Weise uns mitgeteilt, wie Liebe uns verändern kann.

»Eros löst meine Glieder und stört mich auf,
bittersüßes, entmachtendes Ungetier!«

Das war Sapphos Erfahrung, ihr Lebensinhalt. Mein zweiter Wunsch der blauen Stunde: Komm, und wir lösen das Rätsel der unvollendeten Sappho-Zeile. »Allá pan tolmaton, epei...« – Nun denn: Alles ist tragbar, dann aber... Was könnte dieses »dann aber« sein? Der Abend ist so mild, die Sicht so weit, Venus leuchtet so mächtig hell – wenn wir das Rätsel hier nicht lösen, dann nirgends.

Mein dritter Wunsch hat mit dem Dauern zu tun. Es dürfen diese Insel, dieser Himmel, dieses Meer nicht zu schnell wieder Vergangenheit sein. Es sollen dieser Süden und diese blaue Stunde etwas länger dauern, als sie es normalerweise tun. Kennst du die Geschichte der Siebenschläfer – eine Legende aus dem Mittelalter? Hier wird erzählt, wie sieben junge Männer zur Zeit der Christenverfolgungen unter Kaiser Decius nicht den Götzen opfern wollen und dafür in einer Berghöhle eingemauert werden, zusammen mit dem Hund eines Hirten. Gott aber läßt sie nicht sterben, sondern nur schlafen. Lange soll dieser Schlaf dauern. Ein Engel wendet sie jede Nacht von der linken auf die rechte Seite, damit ihre jungen Glieder keinen Schaden nehmen. Er läßt durch die Ritzen und Spalten des Felsen Sonnenstrahlen in die Grotte dringen, so daß die Wangen der Schlafenden nicht zu sehr erbleichen. »Und so liegen sie beseligt. / Auch auf heilen Vorderpfoten, / Schläft das Hündlein süßen Schlummers«, dichtet Goethe in seinem *West-östlichen Diwan*. Nach 372 Jahren weckt der Engel die sieben Männer wieder auf. Einer geht in die Stadt, um mit längst verfallenen Münzen Brot zu kaufen. Helle Aufregung, doch am Ende erkennen alle, daß Gott mit diesen Langschläfern ein herrliches Wunder gewirkt haben muß.

Wie die Siebenschläfer mit ihrem Hund durch Ephesos spazierten, um festzustellen, daß dies immer noch ihre Stadt war, auch wenn sie anders zu sein schien als vor ihrem Schlaf: So möchte ich mit dir in 372 Jahren am Ufer meiner Insel zur blauen Stunde sitzen, die Wärme des Tages und die Freundlichkeit der Leute im Rücken und die Schönheit der Nacht vor Augen. Die Grotte, in der wir schlafen, der Engel uns wenden und die Sonnenstrahlen uns vor Todesblässe bewahren sollen, darfst du aussuchen. Meine Insel bietet große Auswahl. Und den Hund finden wir auch.

SUR

»teniendo siempre el corazón mirando al sur«
»immer mit dem Herzen nach Süden blickend«

(Eladia Blázquez)

SUR ist der Süden. Der blanke Süden. Magie der Weite und der Freiheit. In den Zug steigen und gen Süden fahren, das ist für viele das verlockendste Lebensabenteuer.

SUR ist dort, wo es Hotels gibt mit Namen wie »Las Delicias« und Menschen, die »Floreal« heißen oder »Elvira de Alvear«. Du brauchst nur die Richtung einzuschlagen und loszuziehen. Du wirst auf sie stoßen.

SUR ist der Südwind. Ein heftiger, aufreißender, die Seele wachrüttelnder Wind. Er steckt voller Geschichten von wilderen Taten und kühneren Träumen, als du sie kennst. Er hat die Haut der Liebenden gestreift und die Rachegedanken der Eifersüchtigen aufgefangen. Er hat den Staub der Pampa aufgewirbelt und ist den wilden Herden durchs Gehörn gefahren. Er hat von der Wildkatze die Geschmeidigkeit gelernt und von den Rispen des silbrigen Steppengrases die Feinfühligkeit.

SUR ist das südliche Zentrum von Buenos Aires, aber eigentlich viel mehr als dies: ein mythisch besetzter Stadtbezirk, Ort der Sehnsucht für jene, die auf der Suche sind. SUR ist jenes Stück der Welt, wo die Phantasie eines Dichters die unglaublichsten Geschichten ansiedeln kann. Beispielsweise, daß man aus den Flecken eines Leoparden die Intentionen Gottes herauszulesen versteht, weil Leopardenflecken die Schriftzüge Gottes sind.

SUR ist eine Zeitschrift, die 1931 von Victoria Ocampo gegründet wurde und bis gegen Ende der 60er Jahre in Buenos Aires erschien. Sie kostete ihre Gründerin ein Vermögen. Um SUR war ein respektabler Haufen südamerikanischer Intellektueller versammelt, zusammengehalten vom herben Charme der entschiedenen Victoria. SUR machte in Argentinien die prominentesten Autoren der 30er und 40er Jahre bekannt: André Gide, Virginia Woolf, Henri Michaux, Aldous Huxley und andere klingende Namen mehr. Am Anfang war SUR, obwohl immer mehr der Poesie als der Politik verpflichtet, auch deutliches Sprachrohr gegen Nationalismus und Faschismus. In späteren Zeiten wurde SUR geradezu blind proamerikanisch und verlor ihren kritischen Biß. Dennoch bleibt SUR der Ausdruck eines hochherzigen intellektuellen Experiments, wie es in Argentinien im vergangenen Jahrhundert kein vergleichbares gegeben hat.

SUR ist auch ein Film, eine bewegende Bildergeschichte, gedreht 1988 von Fernando E. Solanas mit der Musik von Astor Piazzolla. Ein Mann kehrt nach dem Zusammenbruch der Militärdiktatur aus dem Gefängnis zurück. Fünf Jahre hat er dort verbracht, jetzt sucht er seine Frau und seinen sechsjährigen Sohn, den er kaum kennt. Er irrt durch die Nacht – der direkte Weg zurück zu Frau und Kind erschreckt ihn. In dieser Nacht trifft er auf Menschen, die längst tot sind – eine seltsame SUR-reale Reise beginnt, getrieben von Angst und einem unersättlichen Begehren nach Liebe, Freundschaft und ungefährdeter Vertrautheit. So unterhält er sich mit El Negro, dem Freund aus seinem Viertel, den die Militärpolizei erschossen hat. Er sitzt mit alten Gesinnungsgenossen am »Tisch der Träume«. Das

Viertel hat sich inzwischen verändert, ebenso das Café SUR, wo man früher saß, an der Utopie der Freiheit bastelte und die Milonga des Stotterers hörte, der immer NEIN sagte. Im Blaulicht der Traumnacht erkennt der Mann, wie langweilig Totsein ist und Angst die Seele zerstört. Und wie Verluste traurig machen – trauriger als eine Gitarre ohne Saiten. »Herr General, wenn Sie nicht wissen, was der Süden ist, dann sind Sie aus dem Norden!« sagt jemand klarsichtig. SUR – das muß ein Ort sein, an dem Leben und Wunsch nebeneinander möglich sind. Im Gang durch die Nacht erkennt Floreal, so heißt der Mann: Die Liebe ist eine tägliche Arbeit. Man muß sie neu erfinden. Und so findet er am Ende der Nachtreise zurück zu Frau und Kind – getragen und gehoben von den Versprechungen, die aus der Tangomusik Piazzollas ihm entgegenklingen. In einem dieser Tangos heißt es:

»Ich komme zurück in den Süden,
wie man immer zur Liebe zurückkehrt.
Ich trage den Süden im Herzen
wie ein Schicksal.
Ich bin der Süden,
wie die Melancholie des Bandoneons,
Ich liebe dich, Süden!«

SUR: Das ist so vieles und so Verschiedenes, doch in jeder seiner Erscheinungsarten untrüglich und unverwechselbar das Land der Wünsche, der Treffpunkt der Träumer.

Soll ich dir sagen, was SUR für mich ist, obwohl ich kein Argentinier bin, kein Poet aus einer der Vorstädte von Buenos Aires und kein Bandoneonspieler?

SUR ist die Poesie von Borges und die Musik von Piazzolla. Nichts mehr und nichts weniger.

Laß mich dir das erläutern.

Ich liebe beide, Borges und Piazzolla, obwohl ich keinen persönlich gekannt habe. Borges habe ich einmal die Hand gegeben, als er 1982 nach München kam und sich dort von der Akademie der Schönen Künste feiern ließ. Es waren zu viele Leute da, um mit ihm ins Gespräch zu kommen. Im übrigen war es unterhaltsamer, ihn monologisieren zu hören, als ihn zu erleben, wenn er auf Fragen antwortete. Wenn jemand von ihm etwas wissen wollte, war er immer darauf aus, mit einer witzigen oder zumindest unerwarteten Bemerkung zu entgegnen. Eine Art verbaler Schlagabtausch zu eigenen Gunsten. Und eine Sportübung, wie man in Worten und Gedanken dem Absehbaren zu entgehen vermag. Jemand fragte zum Beispiel, ob es nicht ein Widerspruch sei, daß ein blinder Mann wie er ein Vorwort zu einem Bildband über Buenos Aires schreibe. Darauf Borges: Es ist doch sehr viel leichter, etwas zu loben, das man nicht gesehen hat!

So parierte er die Neugier, wann immer es sich machen ließ, mit Witz und Ironie. Einmal hat er geschrieben, die Nacht sei ein aus lauter Augen bestehendes Monstrum. Doch wir alle, die dem gescheiten blinden Borges da in der Münchner Residenz zu Füßen saßen und ihn anblickten, müssen für seine trüben Augen ein ganz und gar ungefährliches Monstrum gewesen sein. Las jemand in deutscher Sprache eines seiner Gedichte oder einen kurzen Prosatext vor, so lauschte er geradezu entzückt, mit leicht erhobenem Kopf, um aus den Tönen die Stimmung seiner Umgebung zu erkennen. Kam er zu Wort, sprach er wie ein spätbourgeoiser Teiresias, welcher der Welt nur noch sanfte Überraschungen und feinsinnige Vergnügungen zumuten will. Er schien es zu genießen, daß man seine Worte so ernst nahm, und nahm sich seinerseits die Freiheit, zufrieden mit sich selbst darüber zu lächeln.

Borges, der 1986 in Genf starb, war eine widersprüchliche Figur: gleichzeitig ein Genie an Einbildungskraft und ein Ärgernis für politisch denkende Menschen. Seine Äußerungen zur Politik haben Skandale verursacht – der Poesie seiner Gedichte und dem geheimnisvollen Zauber seiner Erzählungen konnten die auf Provokation zielenden, manchmal den Zynismus streifenden Kommentare zum Tagesgeschehen nichts anhaben. Um Borges zu demütigen, haben die Peronisten den Dichter und Büchermenschen von seinem Bibliotheksposten abgesetzt und ihn zum Inspektor des städtischen Geflügelmarktes »befördert«. Er hat das Geflatter mit Grandezza überstanden, um später doch noch der Welt rätselhaftester Bibliothekar zu werden: jener von Babel.

Sein erster Gedichtband *Fervor de Buenos Aires* erschien 1923. Mit ihm war auf einen Schlag die unvergleichliche Atmosphäre von SUR da: der Anziehungszauber von Buenos Aires. Da werden etwa die Straßen beschrieben, die müden Straßen des Vororts, die für die Einsamen eine Verheißung sind, wie sie, nach Süden weisend, den Himmel durchfurchen. Jene Straßen, an denen die Häuser stehen, von denen Borges sagt: »jedes Haus ein Leuchter, in dem die Leben der Menschen brennen wie vereinzelte Kerzen«.

Und im Zwielicht der Abende gibt es Sonnenuntergänge und tun sich Fernen auf, die für den Einsamen eine Verheißung sind: »para el solitario una promesa«. Von Friedhöfen ist die Rede, von Grabsteinen, von Gärten, vom Rätsel der Zeit, von Bogengängen, Weinlauben und Zisternen in den Innenhöfen der Häuser. Und immer wieder diese Patios, diese Schwellenräume für den Übertritt ins ganz andere. »Der Patio ist der Abhang, über den sich der Himmel ins Haus ergießt«, schreibt Borges einmal. Ein Patio: Das scheint die Quintessenz eines südlichen Viertels zu sein.

Ein Gedicht – es trägt den Titel *El Sur* – beschreibt einen Mann, der von einem solchen Patio aus die Wirklichkeit wahrnimmt. In der Übersetzung von Gisbert Haefs lautet es:

»Aus einem deiner Patios betrachtet zu haben
die uralten Sterne,
von der Bank des
Schattens betrachtet zu haben
diese verstreuten Lichter,
die meine Unkenntnis nicht zu benennen gelernt hat,
noch sie in Konstellationen zu ordnen,
empfunden zu haben den Wasserkreis
in der geheimen Zisterne,
den Duft von Jasmin und von Geißblatt,
die Stille des schlummernden Vogels,
den Bogen des Eingangs, die Feuchtigkeit
– diese Dinge sind vielleicht das Gedicht.«

Hier ist ein Dichter, der das Poetische sucht in den allereinfachsten Dingen. Doch neben dieser Hellsicht, die im schlicht Vorhandenen das Metaphysische erblicken will, drängt sich etwas anderes in den Vordergrund: das Gefühl von Abwesenheit und Verlust. »In welcher Schlucht verberge ich meine Seele, / daß sie deine Abwesenheit nicht sehe« heißt es an anderer Stelle. Jemand ist in diesem südlichen Stadtviertel unterwegs, der von den vielen Mißverständnissen und Verlusten weiß, die entstehen, wenn das Begehren sich meldet. Ein ängstlicher Liebhaber also, der vor Entschiedenheit und Unabänderlichkeit auf der Flucht ist und sich nur allzugern den Zwielichtstimmungen des Viertels ausliefert. Er beschwört darum auch eine Form von Anwesenheit, die einer Gelassenheit entspricht, die nur den Dingen, fast nie aber den Menschen eigen ist:

> »Das ist, das Höchste erreichen,
> das uns vielleicht der Himmel gewähren mag:
> keine Bewunderungen oder Siege,
> sondern einfach eingelassen werden
> als Teil einer unbestreitbaren Wirklichkeit
> wie die Steine und die Bäume.«

Zentrales Thema dieser Südstadtpoesie ist die Liebe. Man könnte auch sagen: die richtige Art von Nähe. Nichts ist schwieriger, als in der Nähe zueinander keine falschen und das Glück beschädigenden Schlüsse zu ziehen.

Bei einem Mann wie Borges geht in der Realität der Liebe zunächst alles erst einmal schief. Darum kommt es bei ihm, wenn es um Liebe geht, vor allem darauf an, Abschiede zu retten. Abschiede sind Anstrengungen zugunsten erwarteter und nicht eingelöster Hoffnungen: seelisches Restkapital für die Zukunft. Aber da gibt es auch noch das Gedächtnis, das die Freuden und die Leiden des anderen pedantisch registriert. Wenn die Gegenwart voller Mängel ist, müssen doch die Erinnerungen vollkommen sein! Darum muß man die Abschiede so gestalten, daß sie für Kopf und Herz zu retten sind, wie es ein Gedicht mit dem Titel *Abschied* verdeutlicht:

»Zwischen meiner Liebsten und mir müssen sich erheben
dreihundert Nächte wie dreihundert Wände,
und das Meer wird ein Bann sein zwischen uns.

Nichts als Erinnerungen wird es geben.
O Abende, verdient durch den Schmerz,
Nächte voller Hoffnung dich zu schauen,
Felder meines Wegs, Firmament,
das ich nun sehe und verliere ...
Endgültig wie eine Marmorplatte
wird deine Abwesenheit andere Abende betrüben.«

Auch in der zweiten Gedichtsammlung von Borges – sie heißt *Luna de enfrente – Mond gegenüber* und erschien 1925 – bleibt die Liebe der Südstadt eines der großen Erkundungsgebiete. Nur ein Gedicht daraus will ich anführen, weil es besser als alle anderen die wahnwitzige Leidenschaft dokumentiert, einen Zustand der Unangreifbarkeit und Unabänderlichkeit dafür zu finden, worauf es im Erlebnis der Liebe ankommt. »Amorosa anticipación« heißt das Gedicht. Der Übersetzer sagt »Erwartung der Liebe« – schärfer möchte man es mit »Vorwegnahme der Liebe« übersetzen. Lassen wir es doch gar nicht auf Erwartungen allein ankommen. Versuchen wir, die Idealform der Liebe zu antizipieren. Dann kommen wir weniger in Versuchung, uns mit

dem Alltäglichen, worin selbst die Liebe sich gern einrich-
tet, abzufinden.

»Nicht die vertraute Nähe deiner Stirn,
    hell wie ein Fest,
noch die Gewohnheit deines Körpers, wiewohl mysteriös
    und schweigsam und mädchenhaft,
noch die Abfolge deines Lebens, das zu Wörtern oder
    Schweigen wird,
werden eine so rätselvolle Gunst sein
wie die Betrachtung deines Schlafs, verflochten
in die Wacht meiner Arme.
Wie durch ein Wunder wieder Jungfrau durch die
    freisprechende Macht des Schlafes,
ruhig und leuchtend wie ein Glück, das das Gedächtnis
    erwählt,
wirst du mir dieses Ufer deines Lebens schenken, das
    du selbst nicht besitzt.
Der Ruhe hingegeben
werde ich diesen letzten Strand deines Seins von fern
    erblicken
und dich zum ersten Mal sehen, vielleicht,
wie Gott dich sehen muß,
aufgehoben die Fiktion der Zeit,
ohne die Liebe, ohne mich.«

Ein Männerwunsch: die Geliebte sehen zu können, während sie schläft. Im Gegensatz zu Proust jedoch, wo die
Betrachtung der schlafenden Albertine den Erzähler mit
größter Eifersucht peinigt, weil er in der schlafabwesenden
Geliebten ihre endgültige Uneinholbarkeit und Ferne sieht,

haben wir es bei Borges mit einem Liebhaber zu tun, der sich eine geradezu gottähnliche Distanz der Geliebten gegenüber wünscht, um diese Liebe in zeit- und veränderungsfreier Gestalt wahrnehmen zu können. »En la vigilia de mis brazos« – »in die Wacht meiner Arme verflochten«, sagt Borges. Gibt es eine schönere Formulierung für jene Obhut, die von der Liebe geleitet und vom Körper vollzogen wird: die Augenwache eines Liebenden, beglaubigt durch die Arme, die die Schlafende umfangen? Doch was ein Liebhaber wie Borges von der Geliebten wünscht, ist »esa orilla de tu vida, que tú misma no tienes« – »jener Uferrand deines Lebens, der nicht einmal dir selbst gehört«. Ein Seinsbereich also, der dem Ich und dem Du entzogen und von keinem individuellen Begehren mehr verstellt wird. Ein hybrider Wunsch nach göttlich voyeuristischer Anteilnahme ist eine solche Liebe, die aber den evidenten Vorteil hat, der Zeit und jeder Veränderung enthoben zu sein. Borges hat immer Angst gehabt, sich in der Liebe der Herrschaft des eigenen Körpers oder dem Willen einer Frau auszuliefern. Darum ist seine Südliebe eine Vision, wie man sich jeder Art von Einschränkung im Lieben entziehen könnte. Eine Liebe, die keiner Wirklichkeitsprüfung standhält und darum über den Erfahrungsbereich des Lebens hinausweist auf ein Absolutes und Jenseitiges. Allerdings: nicht auf ein religiös geprägtes Jenseits, sondern nur auf die Grenze, die der Tod ist.

Südleidenschaft ist bei Borges in letzter Konsequenz Todessehnsucht. »El Sur« heißt eine seiner berühmtesten Erzählungen. Da begibt sich ein Mann nach Süden, um dort den Tod zu finden. Dieser Juan Dahlmann hat im Süden eine Estancia, ein langgestrecktes rosafarbenes Haus aus mütterlicher Verwandtschaft, das ihn lockt wie die dort balsamisch duftenden Eukalyptusbäume. Der Mann, im Leben Bibliothekar und mit den Augen eher in den Geschichten seiner Bücher als bei von außen drohenden Gefahren, verletzt sich aus Unachtsamkeit an der Kante eines offenstehenden Fensterflügels. Aus der Wunde entwickelt sich ein Fieber, eine Vergiftung, eine tagelange Hölle, durch die der Mann hindurch muß. Am Ende entkommt Dahlmann knapp dem Tod, und sein Arzt schickt ihn zur Erholung auf die Estancia in den Süden. Er nimmt den Zug und fährt los, um »eine ältere und festere Welt zu betreten«. Kaum im Zug, wird die Reise zu einem Loslassen von allem, was für ihn bisher Bedeutung hatte. Er löst sich von den vertrauten Einbildungen, die ihm aus seinen Lieblingsbüchern entgegenkommen, und überläßt sich dem Leben. Dahlmann steigt aus dem Zug, tritt ein in eine schweigende Ebene, empfindet ein tiefes Glücksgefühl. Er macht sich auf die Suche nach einem Fahrzeug, das ihn auf seine Estancia bringen könnte. Dabei gerät er in eine Ladenschänke, wo Gauchos und Farmarbeiter, etwas zwielichtige Figuren, am Spielen und am Saufen sind. Die Trunkenbolde fordern den Gast heraus – sie schießen Kugeln aus Brotteig auf ihn. Dahlmann stellt sich der Provokation, die mit wilden Beschimpfungen einsetzt und mit der Forderung zum Zweikampf endet. Ein Gaucho wirft ihm ein Messer zu: Damit ist das Schicksal besiegelt. Dahlmann weiß: Er wird in diesem Messerkampf sterben, hier im Süden unter freiem Himmel. Bevor er, das Kampfmesser in der Hand, in die Ebene hinausgeht zum entscheidenden Duell, spürt er: Es ist diese Art radikaler Entscheidung, die er als Tod sich erträumt und erwählt hat.

SUR, das ist real und metaphysisch der Ort, wo der Entscheidungskampf mit dem Tod stattfindet. Auch bei anderen Gestalten in den Erzählungen von Borges: Im Süden liegt der Punkt, den der Detektiv Lönnrot in *Der Tod und der Kompaß* ermittelt. Dort soll es zu einem Mord kommen. Der Mann übersieht nur, daß er selbst das Opfer dieses Mordes sein wird. Oder aber: In Armut geraten und in der südlichen Vorstadt sterben, das ist das Schicksal von Teodelina Villar, der geheimnisvollen Frau aus *Der Zahir*. Im Süden treibt sich der Tod wie ein Einheimischer herum – und damit ist dort das rätselhafteste aller Abenteuer zu gewärtigen.

Für diese tödlichen Eskapaden in den Süden muß man über einen spekulativen Spieltrieb verfügen, wie er Borges eigen war. Wir liegen nicht falsch, wenn wir davon ausgehen, daß für die allermeisten SUR nicht die Begegnung mit dem Tod, sondern die mit dem Leben ist. SUR als Lebensgefühl hat künstlerisch Gestalt gefunden im Tango. Kern dieses Gefühls ist die Sexualität – und erst in philosophischer Überhöhung das Schicksal oder der Tod. Für die Erkundung der Sexualität war Borges zu vorsichtig und ängstlich. Diese überließ er anderen Künstlern. Einer, der davor nicht zurückschreckte, war Astor Piazzolla. Seine Tangos sind vor allem musikalische Erkundungen der Anziehungskraft zwischen Mann und Frau. Der Tango ist ein Sich-Messen der Geschlechter im Rhythmus der Begierde.

Der Tango kommt von weit her und hat viele Stufen und Formen hinter sich. Ursprünglich war er Poesie der Vorstadt, mit zwielichtigen Figuren als Protagonisten: mit Angebern, Krakeelern, eifersüchtigen Haudegen, deren

Rachlust, Wut und Verwegenheit in Liedern über Erobe-
rungen der unanständigen Art und Liebeshändel mit tödli-
chem Ausgang besungen wurden. Fast immer dreht es sich
beim Tango um ein verhängnisvolles Sich-Einlassen mit
dem anderen Geschlecht: »Du bist das Licht meines ver-
drehten Kopfes«, heißt es in einem Tangotext: »la luz de mi
cabeza alocada«. Doch weil es um Liebe und Leidenschaft
geht, ist unweigerlich auch das Gefühl von Verlust, Vergänglichkeit und Trauer beigemischt.

> »Nie mehr wirst du mich so wie damals sehn,
> als ich, an ein Fenster gelehnt,
> auf dich wartete.
> Nie mehr werde ich mit den Sternen
> unseren klaglosen Weg
> durch die Nächte von Pompeya beleuchten.
> Die Straßen und die Monde des Vororts
> und meine Liebe und dein Fenster,
> alles ist gestorben, ich weiß es schon längst.«

Ein Meister des Tangospiels hat einmal gesagt, der Tango sei
»ein trauriger Gedanke, den man tanzen kann«. Große Tangos sind, ohne je sentimental zu sein, tief melancholische
Gedichte über verlorenes Glück, verlorene Jugend, verlorene Liebe. Berühmte Namen zieren die Geschichte des
Tangos: Carlos Gardel, Anibal Troilo, Osvaldo Pugliese, um
nur drei von hundert zu nennen, die es verdienten, angeführt zu werden. Aber irgendwann erschien einer, der aus
dem Tango noch einmal etwas ganz anderes machte, nämlich große Kunst. Und zwar Kunst über etwas, das es ohne
das Lebensgefühl SUR gar nicht geben würde.

Astor Piazzolla, 1921 geboren, 1982 gestorben, hat dem Tango eine Dimension hinzugefügt, über die man unbegrenzt staunen kann. Schöne Texte, schmissige Rhythmen, klagende Melodien: Das gab es längst im Tango. Mit Piazzolla kam ein so spielerisches wie professionelles Experimentieren hinzu, das aus dem Tango ein neues musikalisches Abenteuer machte. So überraschend ist das nicht, denn der Mann hatte klassische Musik studiert, bei Ginastera, bei Nadia Boulanger, lebte längere Zeit in New York und in Paris, kam mit musikalischen Strömungen aller Richtungen in Berührung und trat mit Künstlern aus der klassischen wie aus der Jazz-Szene auf. Er schrieb Kammeropern, Oratorien, Werke für Sinfonieorchester, Solokonzerte, schrieb für alle Welt und blieb doch immer der wunderbar improvisierende, tüftelnde, nach Strenge und Freiheit gleich heftig verlangende Bandoneonist. Was er aber aus dieser traditionellen Tanz- und Liederform des Tangos schließlich entwickelt hat, ist beinahe unbegreiflich. Der Mann, der als Arrangeur und Bandoneonspieler anfing und nach und nach zum Meister des »Tango Nuevo« wurde, hat die Lunge des Bandoneon gedehnt und unsere Hörgewohnheiten revolutioniert. Mit Piazzolla ist der Tango aus den Kaschemmen und Tanzcafés der argentinischen Vororte in die internationalen Konzertsäle gewandert. Einmal sagte Piazzolla: »Die Argentinier weinen gern. Sie stellen sich dauernd ihren Tod vor – aber meine Musik spricht nicht die Sprache des Todes. Ich spreche die Sprache derer, die lebendig und jung sind und denen die Zukunft gehört... Meine Musik ist aufregend, aggressiv, neu und romantisch.«

Nimm seine »Estaciones Porteñas« – Piazzollas »Vier

Jahreszeiten von Buenos Aires«. In diesen vier Stücken ist alles, was uns als Lebensgefühl in verschiedenen Jahreszeiten entgegenkäme, wenn wir in dieser Stadt lebten. Hör einmal, was Piazzolla da alles hineingezaubert hat: dieser Drang und diese Unruhe, das unerbittliche Pulsieren, das Sich-Anschmiegen und das Entgegenstemmen. Da ist Aufbegehren und Einwilligung, Bitte und Befehl, Fluch und Gebet, Liebeserklärung und Verwünschung, Schmeichelei, Nachgiebigkeit, stolze Unnahbarkeit, lockende Verführung. Da wird gestampft und geschimpft, gekost und angebetet, da wird lüstern geworben und kalt die Schulter gezeigt. Da wird geliebt und gehaßt, gelobt und gelästert, geflüstert und gebrüllt. Man kann sich von dieser Musik wie von einem Frühlingsduft einhüllen lassen, man kann in ihr ein Sommergewitter erleben, in dem Himmel und Erde toben und beben, man kann glühende Herbstfarben spüren und eine im Licht der Musik nachzitternde Wärme, und alles, was ein knisternder Winter verspricht. Da ist ein Gestus des auftrumpfenden Bejahens, aber nicht weniger deutlich meldet sich die Lust sich anzuschmiegen, getragen und genommen zu werden von dem alles durchbebenden und durchzuckenden Gefühl der Liebe. Da ist Leidenschaft und Drama – und auf den Fuß folgt ein sanftes Sich-in-Träume-Verlieren, der Wunsch nach leisem Vergehen, der wahnwitzige Versuch, bedenkenlos ins Glück zu gleiten. Hör sie dir an, diese Jahreszeiten von Buenos Aires, in dieser Musik ist für mich SUR pur! Fern aller Duselei und falscher Empfindsamkeit bist du der Gewißheit ausgesetzt, daß in der Liebe das Wünschen immer größer bleibt als das Erreichen.

Weißt du jetzt, was SUR ist?

Laß mich es abschließend so sagen: SUR ist der Kontinent der phantastischen Erwartungen, der glückverheißenden Illusionen, der gewagtesten Annahmen in der Liebe. SUR ist die Erwartung, die Borges in drei Zeilen festgehalten hat:

>>Tú
que ayer sólo eras toda la hermosura
eres tambien todo el amor, ahora.
Du,
gestern alle Schönheit,
bist auch alle Liebe, jetzt.<<

Du wirst jetzt nicht mehr staunen, daß auch Dichtung ihren
Süden hat. Man kann es ganz einfach sagen. Der Süden ist
in der Dichtung jener Ort, wo das Geschriebene und Gehörte dir die Seele am spürbarsten weitet. Womöglich hat
jeder von uns sogar seinen südlichsten Autor. Mir fällt es gar
nicht schwer, diesen zu nennen. Er heißt Dante.

Laß mich beispielhaft den Schluß des 10. Gesangs des
Paradieses anführen. Er spielt im Sonnenhimmel, wo die
Weisheitslehrer sich in einem bewegten Reigen einfinden,
darunter sogar solche, die sich zu Lebzeiten in der Lehre
bekämpft haben und sich im Himmel nun ganz friedlich
miteinander über den Glanz der Wahrheit unterhalten. Der
Gesang schließt so:

> »Indi, come orologio che ne chiami
> ne l'ora che la sposa di Dio surge
> a mattinar lo sposo perché l'ami,
>
> che l'una parte e l'altra tira e urge,
> tin tin sonando con si dolce nota,
> che 'l ben disposto spirto d'amor turge;
>
> così vid' io la gloriosa rota
> muoversi e render voce a voce in tempra
> e in dolcezza ch'esser non pò nota
>
> se non colà dove gioir s'insempra.«

Hermann Gmelin übersetzt die Stelle wie folgt:

>>Dann, wie ein Uhrwerk, das die Stunde kündet,
da Gottes Braut am Morgen sich erhoben,
den Bräutigam zur Liebe aufzurufen;

da alle Teile darin ziehn und treiben,
tin tin erklingt mit also süßem Tone,
daß der bereite Geist aufwallt in Liebe;

so sah ich dort den ruhmesvollen Reigen
sich drehn und Stimm auf Stimme Antwort geben
mit solcher Süße, daß sie nur dort oben

bekannt ist, wo die Freude ewig währet.<<

Das ist zwar genau übersetzt, ruft jedoch nach Klärung und
intensivierender Deutung. Dante behauptet nämlich nie
nur etwas, er spielt immer auch auf etwas an, was in der
Übersetzung oft nicht mitzuhören ist. Müßte ich die Stelle
deuten, würde ich es so versuchen:

Jetzt gerade ist eine Uhr zu hören gewesen – jene kurz
nach 1300 bereits in Gebrauch gekommene Glockenuhr,
die in den Klöstern die Ordensleute zum ersten Gebet ruft.
Mit Braut Gottes meint Dante die Kirche: Das ist religiöse
Sprache der Zeit. Ebenso benutzt er hier die erotische Sprache der Zeit: »mattinar lo sposo« bedeutet soviel wie »für
den Geliebten das Morgenlied anstimmen«. Das Mattutin-
gebet der Kirche steht also analog zum Weckruf der Liebe,
wie er in den Tag- und Morgenliedern des Mittelalters in
der höfischen Kultur üblich war. Hier verbindet sich die

Praxis der Mönche mit jener der Liebenden – und Dante versucht, das Zarte und Sonore des Vorgangs zunächst mit dem lautmalerischen »tin tin« des Glockenschlags nachzubilden, dann mit dem Ineinandergreifen der Räder einer Uhr zu erklären, was wiederum dem gegenseitigen Sich-Anregen von Liebenden entspricht. Uhr- und Seelenmechanik sind hier beide gemeint, umspielt von der Schönheit des Klangs, der »dolce nota«, die den eingestimmten Geist so erfaßt, daß er sich beim Hören vor Liebeseifer geradezu »aufbläst« – was der ursprünglichen Bedeutung des Wortes »turge« entspricht. In dieser Bewegung, Harmonie und Liebesatmosphäre sieht Dante den Reigen der berühmten Weisen vorbeiziehen. Und er meint dazu abschließend: So wohlklingende Laute kennt man nur dort, »dove gioir s'insempra« – wo das Glück sich verewigt und zur unverlierbaren Erfahrung wird.

Für mich ist das der poetische Süden, wie er lautlich, sprachschöpferisch und sinnbildlich nicht schöner aufblühen kann. Hier sind die Frommen und die Liebenden nicht mehr getrennt, sind die Freuden der Ohren mit jenen an der Mechanik der Uhrwerke vereinigt, sind Sinne und Geist endlich im richtigen Takt miteinander.

Fragen wir hier nicht weiter, was die südliche Magie von Dantes Elfsilber und seiner kunstvollen Strophen sein könnte. Ich möchte dir lieber erzählen, was Süden für Dante selbst bedeutet haben könnte.

Meine These ist, daß Dantes Süden dort war, wo seine Freunde waren. Wo er sie treffen und mit ihnen zusammen sein konnte. Norden dagegen: Das war das Exil. Unter Fremden als Bittsteller verweilen zu müssen. Mehr geduldet als erwünscht zu sein.

Dantes Freund wäre ich gern gewesen. Schon in Florenz, als er jung und ehrgeizig war und die Welt verbessern woll- te. Erst recht in den Jahren des Exils, zwischen 1302 und 1321, als es immer einsamer um ihn wurde und er über- zeugt war, diese Welt könne die richtige nicht sein und die jenseitige die einzige, auf die es sich einzurichten gelte. Man weiß nicht, weshalb er um 1319 den Hof des Can Grande della Scala in Verona verließ, um nach Ravenna zu ziehen. In Guido Novello da Polenta fand er einen neuen Herrn, der sich mit einem angesehenen Dichter umgeben wollte. Ein besserer Herrscher ist dieser Guido dadurch nicht geworden. Gern wäre Dante ja nur südwärts gezogen, nach Florenz. Dort aber herrschten seine Feinde, die ihn erst wenige Jahre zuvor in Abwesenheit zum Tod durch Enthauptung verurteilt hatten.

Nimm einmal an, wir hätten Dante im Sommer des Jahres 1320 besuchen können, in Ravenna, an einem frühen Mor- gen, im Pinienhain von Classis, wo die Vögel sangen und der durch die Wipfel streifende Scirocco dazu den Baß summte, so wie er es am Eingang zum Irdischen Paradies beschrieben hat. Nimm ebenso an, wir hätten Gelegenheit gehabt, den verbannten Staatsmann, Diplomaten, Gelehrten und Dich- ter nach seinen Glückserfahrungen zu fragen. Ja, wo sind sie geblieben? Such dir den Schnee von gestern! Denn Fürsten und Gönner können unsere Freunde nicht sein. Kann ein Bettler überhaupt Freunde haben? Wer will denn schon einen Unglücklichen zum Freund? Meine Freunde sind tot, hätte Dante gesagt, so wie ich für mein Florenz tot bin.

Du mußt Dantes Freunde anderswo suchen. In seiner *Commedia*. Da sind sie. Selbst im Inferno. Vor allem aber im Purgatorio und im Paradiso.

Dantes »primo amico« war – so sagt er selbst in der *Vita nuova* – Guido Cavalcanti, ein Dichter von Sonetten und Kanzonen, ein Wortmagier verschlüsselter Botschaften, ein Grübler und Spieler und dazu ein Sänger der den Verstand überrumpelnden Macht der Liebe. Eines von Cavalcantis Gedichten beginnt mit den Worten »Donna me prega«, und es besingt die nicht zu klärenden dunklen Triebe der Liebe. Diesem Experten in Liebesangelegenheiten widmet Dante seine eigene erste Liebesgeschichte, eben jenes poetische Jugendwerk *Vita nuova*, das die erste Stufe der ihn nicht mehr verlassenden Beatrice-Passion bildet. In der *Commedia* feiert Dante den Sprachmagier Cavalcanti, indem er ihn zitierend leicht verwandelt. Wer mit der Poesie jener Zeit vertraut ist, erkennt mühelos die Hommage an den Freund. Wenn Dante etwa den 29. Purgatorio-Gesang mit der Zeile beginnen läßt: »Cantando come donna innamorata – sie sang wie eine von Liebe erfüllte Frau«, so spielt er auf eine Ballade seines Freundes an, in der es heißt: »Cantando come fosse innamorata – sie sang, als wäre sie verliebt«. Dante aber fügt über seinen Jugendfreund in der *Commedia* eine Bemerkung ein, die viel zu deuten und zu rätseln gibt. Hat die Freundschaft zu Guido etwa nicht gehalten? Haben die beiden sich überworfen, weil sie sich nicht einigen konnten, was als die wahre Liebe zu gelten habe?

Im Höllenkreis der Häretiker trifft Dante Guidos Vater. Dieser will von ihm wissen, warum er nicht in Begleitung seines Sohnes durch die Unterwelt reist. Darauf antwortet Dante: »Ich komme nicht allein und aus freien Stücken. Es gibt da jemand, der mich geleitet und den euer Guido wohl verachtete.« Von wem spricht hier Dante? Es kann wohl kaum Vergil gemeint sein. Warum sollte Guido als Dichter den großen Vergil verachten? Also muß hier von einer anderen Person die Rede sein. In Frage kommt Beatrice, die ja Anlaß und Ziel von Dantes Jenseitsreise ist. Dies jedenfalls nehmen die meisten unter den Kennern der *Commedia* an. Wollte Dante also andeuten, daß es zwischen ihm und Guido bezüglich Beatrice zum Streit gekommen ist? Wollte Guido von der Art, wie Dante inzwischen Beatrice verherrlichte, womöglich nichts wissen? Sah er ihre Versetzung in den Himmel gar als gloriose christliche Fälschung in Sachen Liebe an?

Für Guido blieb Beatrice eine Frau, die der Dichter in ihrem sinnlichen Zauber und ihrer verführerischen Ausstrahlung zu besingen hatte. Für Dante war Beatrice eine Himmelskönigin, mehr Allegorie als Eigengestalt, nicht mehr Verführerin zum Schönen, sondern Sinnbild des Glaubens, des Strebens, sogar der theologischen Spekulation. Denn Dante ist wohl bis zum letzten Atemzug Dichter geblieben, am Ende aber war er nicht mehr ein schönheitsbegeisterter Liebessänger, sondern ein Philosoph, der in der Liebe das Göttliche verherrlichen wollte. Sind die beiden Freunde an der Auseinandersetzung darüber, was wahre Liebe sei, einander fremd geworden? Mit Sicherheit ist das nicht zu klären. Doch denkbar ist es, daß Guido von einer Erhöhung Beatrices zum Urbild himmlischer Liebe nichts hören wollte und daß die Freundschaft der beiden wegen dieses Liebesstreits einen Riß bekam.

Das Wort »amico«, in der Bedeutung »Freund« und »freundschaftlich«, erscheint in Dantes *Commedia* oft. So redet Dante einmal von den zwei Flüssen Lethe und Eunoë im irdischen Paradies, die wie Euphrat und Tigris aus einer

Quelle entspringen, um dann »quasi amici« – so wie Freunde – langsam voneinander Abschied zu nehmen und sich zu trennen. Im Gespräch mit seinem Vorfahren Cacciaguida sagt Dante: Wenn ich ein zu zögerlicher Freund der Wahrheit bin – »s'io al vero son timido amico« –, werde ich wohl um meinen Ruhm bei künftigen Generationen fürchten müssen. Also will er ein mutiger Freund und Bekenner der Wahrheit sein. Oder er fragt im Mondhimmel Donata Piccarda, ob sie nicht in einem höher gelegenen Himmel zu Hause sein möchte, um vielleicht eine noch größere Fülle der Seligkeit kennenzulernen und zu genießen: »per più vedere o per più farvi amici« – »um Gott noch besser zu sehen und mit ihm sich noch enger zu befreunden«. Selbst für die Liebe Gottes zu den Menschen benutzt Dante das Wort »amico« und redet von »anime che Dio s'ha fatte amiche« – von Seelen also, die Gott selbst sich zu Freunden gemacht hat.

Doch kennt Dante auch die umgangssprachliche Bedeutung von Freund – wenn er beispielsweise von der Freundestat des Provenzan Salvani aus Siena spricht. Dieser war, um seinen Freund aus der Gefangenschaft eines Gegners zu befreien, auf den Campo hinuntergestiegen, um von den Sienesern das geforderte Lösegeld zu erbetteln. Ein stolzer Herrscher macht sich aus Liebe zu seinem Freund zum zitternden Bettler: »per trar l'amico suo di pena« – alles nur, um den gefangenen Freund aus der Not zu befreien.

»Amico« kann bei Dante auch der oder die Geliebte eines anderen bedeuten. So wenn er berichtet, Myrrha, die kyprische Königstochter, habe sich in den eigenen Vater verliebt und sich als Fremde verkleidet, um mit ihm schlafen zu können: »divenne al padre fuor del dritto amore amica«. Außerhalb der »richtigen« Liebe wurde sie die

Freundin des eigenen Vaters – und darum büßt sie auch bei den Sodomiten, die sich gegen Gott und gegen die Natur versündigten. Oder an einer weiteren Stelle sagt er: »Fuor delle braccia del suo dolce amico« – aus den Armen ihres geliebten Freundes löst sich Aurora, die Konkubine des alten Titon. Das ist Dantes schöne Art mitzuteilen, daß es im Osten hell wird und der Tag beginnt.

Aber wäre nicht für Beatrice das Wort »amica« das einzig zutreffende gewesen? Beatrice jedenfalls bezeichnet Dante zu Beginn der Wanderung durch die Hölle als: »l'amico mio e non della ventura«: »Er ist mein Freund, doch nicht der des Glücks«. Dante braucht überraschenderweise das Wort »amica« für Beatrice nicht. Ist das Wort für das hochverehrte Idol der Liebe zu vertraulich, zu ungenau?

Dafür braucht es Francesca da Rimini, die Liebende, die als Liebessünderin Dantes Anteilnahme und Sympathie hat. Francesca löst sich aus Didos Scharen, die vom Höllensturm durch die bösen Lüfte gepeitscht werden, und spricht den Wanderer Dante an, der sich tief in der Hölle verloren hat: »Se fosse amico il re dell'universo, / Noi pregheremmo per la tua pace.« – »Wenn der Herr des Universums unser Freund wäre, so würden wir ihn bitten, dir den Frieden zu gewähren.« Doch die Verdammten haben im Himmel keinen Freund. Darum nützen ihre Gebete nichts.

Eine Gestalt eines Freundes gibt es freilich, die Dante in der Hölle antrifft. Es geht um seinen alten Lehrer. Die Begegnung mit Brunetto Latini verströmt atmosphärisch mehr als Verehrung. Es ist Freundschaft, was zwischen diesen beiden Männern spürbar wird, ohne daß das Wort »amico« ausgesprochen würde. Wir sind am Rande einer brennenden Wüste. Der Feuerregen von Sodom und Gomorrha fällt auf die Verdammten. Den auf dem Rücken liegenden Gotteslästerern direkt ins Gesicht, den sitzenden Wucherern aufs Haupt, nur die umherziehenden Sodomiten können dem Feuerregen ein wenig ausweichen. Da trifft Dante Brunetto Latini mit einigen Klerikern und Gelehrten seiner Zeit unter den Homosexuellen. Nach damaligem Sprachgebrauch gehören zu den Sodomiten jene, die zur Knabenliebe neigen. »Siete voi qui?« – »Was, Ihr seid hier?« fragt Dante verwundert. Mitleid mit seinem alten Lehrer keimt auf, dem er so vieles verdankt. Dieser Brunetto Latini war ein Gelehrter, der über Jahre in Frankreich im Exil leben mußte, da er als Welfe zur falschen Partei gehörte. Doch zählt er auch zur Gruppe jener Berater, Diplomaten und Sekretäre, ohne die die italienische Renaissance nie das geworden wäre, was sie ist. In Namen wie Salutati und Machiavelli kommen diese Verwalter von Wissen und Macht später zu Glanz und Ruhm. In den Exiljahren schreibt dieser Brunetto Latini zwei Werke, die in Florenz Erfolg hatten und von den Ehrgeizigen und Lernhungrigen der Arnostadt geradezu verschlungen wurden. Das umfangreichere Werk nennt man heute nur »Trésor«, eine Prosaarbeit, die er auf französisch verfasst hat. Den unvollendeten »Tesoretto« dagegen schreibt Brunetto Latini in Versform und in einem florentinisch geprägten Neulatein. Daraus lernte damals die begabte Jugend, wie man sich in der Welt zu verhalten hat, um zu Erfolg zu kommen – und Dante bleibt dafür seinem 1294 verstorbenen Lehrer lebenslang dankbar.

Ginge es nach meinem Wunsch – so spricht der Schüler Dante zum bestraften Lehrer vom Deichrand, der die vom Feuerregen befallene Sandwüste begrenzt –, so weiltet Ihr immer noch unter uns Lebenden und wäret nicht hierher verbannt. Euch hier zu sehen, betrübt mich. Denn fest verankert in meinem Geist lebt das Bild, das ich von Euch habe, »la cara e buona imagine paterna di voi«, euer liebes, gutes Vatergesicht. Ihr seid es gewesen, der mir beigebracht hat, wie der Mensch sich fortsetzt in die Ewigkeit – »m'insegnavate come l'uom s'eterna«.

Dante dankt seinem Lehrer dafür, daß er ihn gelehrt hat, sich mit Dingen zu befassen, die für die Ewigkeit gelten. Doch könnte dies auch bedeuten, den Ehrgeiz der Schreibenden anpeilend: Ihr habt mich gelehrt, Werke zu schaffen, deren Ruhm auf Erden nicht vergeht. Wie Vergils Ruhm ewig ist, so will Dante auch für seine Verse die Möglichkeit eines den Tod überdauernden Nachruhms nicht ausschließen. Dafür dankt er seinem Lehrer. Und dieser bestätigt es ihm. »Se tu seguì tua stella, / Non puoi fallire a glorïoso porto, / Se ben m'accorsi nella vita bella.« – »Wenn du nur deinem Stern folgst, so kannst du einen ruhmreichen Hafen nicht verfehlen, sofern ich gut begriff, was ich erlebte, als ich noch im schönen Leben weilte.« So spricht ein guter Lehrer: Folge fleißig deiner Bestimmung, und du brauchst um den Ruhm nicht besorgt zu sein. Kein Wort des Tadels über Brunettos Lebenswandel kommt von Dantes Lippen. Die Zuneigung des Schülers zu seinem Lehrer ist ungetrübt von schlechten Erinnerungen.

Eine Freundschaft ist dies freilich zwischen Ungleichen. Verehrung, Bewunderung, Dankbarkeit ist dieser Freundschaft beigemischt. Doch es gibt noch andere Freunde Dantes, denen wir in der *Commedia* begegnen. Seine Jugendfreunde zum Beispiel, Gefährten eines frühen ungetrübten Glücks in Florenz. Da ist erstens Forese Donati, von dem wir aus historischen Quellen wissen, daß er Dantes Jugendfreund war. Forese war der Bruder des Politikers Corso Donati, der sich zu einem unversöhnlichen Gegner Dantes entwickeln sollte, und Bruder auch der Piccarda Donati, der wir im Mondhimmel begegnen. Entfernt waren die drei Geschwister sogar mit Dantes Ehefrau Gemma verwandt. In jugendlichem Übermut traten Dante und Forese miteinander in Wettstreit, wer die frechsten und unanständigsten Sonette zu schreiben fähig war. Beide verfaßten je drei, die mehr vom Spaß an satirischer Reimerei als von dichterischer Begabung zeugen. Forese starb am 28. Juli 1296, Dante trifft ihn nun im Fegefeuer bei den Schlemmern. Kaum vermag er ihn noch zu erkennen, denn er ist – der Buße aller Vielfraße entsprechend – bis auf die Knochen abgemagert, sieht schrecklich aus, sein Körper ist voller Krätze, die Augenhöhlen sind entsetzlich tief, und er eilt gerade mit seinen Leidensgenossen den Düften eines Apfelbaums und einer frischen Wasserquelle nach, doch ist ihm jede Erquickung des Gaumens versagt. Nur die Stimme gibt noch den Freund von damals zu erkennen. Dante wundert sich, daß Forese, obwohl erst seit wenigen Jahren tot, im Fegefeuer schon so weit vorgedrungen ist. Es sind, stellt sich heraus, die Gebete seiner Witwe Nella, die Forese die Zeit des Wartens am Fuß des Läuterungsbergs abgekürzt haben: »la vedovella mia che molto amai« – »meine heißgeliebte arme Witwe«. Und gleich legt er los, der gestrafte Forese, mit einer Tirade auf die lockeren und schamvergessenen Frauen von Florenz, die, anstatt sich um Zucht und gute Sitten zu bemühen, ihre nackten Brüste auf der Straße zeigen. Doch Dante erinnert seinen Freund, daß ihre eigene Lebensweise auch nicht vorbildlich gewesen ist: Wenn wir uns vor Augen führen, wie wir damals lebten, du mit mir, ich mit dir, so muß uns heute die Erinnerung daran quälen. Es will keine rechte Freude aufkommen zwischen den beiden, und so eilen sie dahin, wie ein Schiff von starkem Wind getrieben, sie reden, urteilen und verurteilen, und kein Hauch jenes Glücks wird fühlbar, das wahre Freunde empfinden, wenn sie sich wiederfinden.

Dies ist ganz anders bei der Begegnung, die Dante mit seinem Jugendfreund Casella hat. Es ist der Ostersonntag des Jahres 1300, morgens gegen sechs. Wir sind am Ufer jenes Landstrichs, auf dem sich der Berg der Läuterung erhebt. Ein Engel – der Gottesvogel, »l'uccel divino« – bringt in einem Boot die Seelen der Geretteten von der Tibermündung zum Berg der Läuterung. Sie sind erstaunt über den unvertrauten Ort, blicken suchend um sich, wie jemand, der in ein neues Land kommt. Zeigt uns den Weg zum Berg, verlangen sie von den beiden Wanderern, die sie antreffen. Doch Vergil gibt ihnen zu verstehen, daß Dante und er sich hier ebensowenig auskennen: »siam peregrin come voi siete.« – »Wir sind hier Fremdlinge, wie ihr es seid!« Nun bemerken die gelandeten Seelen, daß einer der beiden im Schattenreich so atmet, als wäre er noch am Leben. Staunend vergessen sie, daß sie weiter sollen, den Berg hinauf zur Läuterung, »a farsi belle«, um durch Buße und Reue schön zu werden. Da tritt ein einzelner heraus aus der Schar, geht auf Dante zu und umarmt ihn. Wen wundert es, Dante will das freundliche Wesen ebenfalls umarmen. Dreimal versucht er den Schatten in seine Arme zu schließen, doch Hände und Arme fassen ins Leere, sie ergreifen immer nur den eigenen Leib. Der Schatten lächelt ob dieser Bemühungen und gibt ihm ein Zeichen, er solle warten. Jetzt spricht er ihn an: Ich liebte dich schon, als ich am Leben war, und noch jetzt als Schatten liebe ich dich. Sag mir, wohin bist du unterwegs? Nun erkennt ihn Dante: »Casella mio« – mein lieber Casella!

Es ist sein Freund, der Musiker, mit dem er oft zusammen war. Casella vertonte seine Gedichte und trug sie vor, während Dante seiner schönen Stimme lauschte. Sogleich keimt in Dante ein Wunsch auf. Wenn dir hier an diesem Ort kein Gesetz verbietet, dich an die alten Liebeslieder zu erinnern: Bitte, sing mir doch eines jener Lieder, die meine Sehnsucht damals so zu stillen vermochten, denn Leib und Seele sind erschöpft. »L'anima mia è affannata tanto« – sagt Dante, was eigentlich bedeutet: Meiner Seele geht vor Angst und Unruhe der Atem aus. Da stimmt Casella eines der berühmten Jugendgedichte Dantes an: *Amor che nella mente mi ragiona* – ein Liebeslied, dem Dante schon in seinem *Convivio* eine ausführliche Deutung widmete. Es geht um die Sprache der Liebe, die jener des Intellekts überlegen ist und unvergleichlich mächtiger in ihrer Wirkung. Man kann die Frau, von der hier die Rede ist, als eine Allegorie der Philosophie verstehen. Man muß es aber nicht. Tief ergriffen lauschen alle dem Gesang Casellas, auch Vergil und die Seelen im Gefolge des Musikers. So schön habe Casella gesungen, erinnert sich Dante, »che la dolcezza ancor dentro mi suona« – »daß die Süße des Gesanges in mir jetzt noch nachklingt«. Alle sind so ergriffen, als gäbe es nichts anderes mehr als dieses Lied. Keine Stelle der *Commedia* beschreibt die Macht der Musik mit solchem Zauber wie diese Episode mit Casella. Musik ergreift den Geist derart, daß der Hörende sich selbstvergessen dem Klang anheimgibt, und alle Pflichten und Sorgen entgleiten ihm.

Selbst das Heil der Seele gerät durch die Musik in Vergessenheit. Darum fährt jetzt der alte Cato, Urbild der Pflichterfüllung, donnernd dazwischen: Was soll das, ihr Müßiggänger! Was seid ihr nachlässig und säumig! Los, den Berg hinauf, damit ihr endlich eure Sündenhaut abstreift, die euch von Gott entzweit! Und nun läßt Dante eines seiner unvergeßlichen Bilder folgen für die aus Liebesleid und aus träumerischer Selbstvergessenheit aufgeschreckten Seelen: Wie Tauben, die arglos Körner und Samen picken, auf einmal alles liegen lassen und verwirrt aufflattern, wenn etwas Unerwartetes sie erschreckt – »perché assaliti son da maggior cura« – »weil sie jetzt eine größere Sorge befällt«, so flüchtet die Gruppe der im Gesang Versunkenen wild und verängstigt auseinander und auf den Hang zu. Und Dante fügt hinzu: »Lasciar lo canto« – sie entwichen dem Gesang »com'uom che va, né sa dove riesca« – wie jemand, der da läuft und noch nicht weiß wohin! Hat je einer die Benommenheit und Verlorenheit der aus schöner Musik Erwachenden treffender beschrieben?

Ein weiterer Freund – und auch hier sind wir im Vorpurgatorio. Mit dem Dichter Sordello steigen Vergil und Dante hinunter ins Tal, wo die harrenden Fürsten auf den Tag der Erlösung warten. Inzwischen ist es Abend geworden, Stunde des Heimwehs, der Sehnsucht, der Melancholie, in der – wie könnte es anders sein – Musik erneut eine wichtige Rolle spielt. Die Eingangsverse des 8. Purgatorio-Gesangs gehören zu den stimmungsmäßig gewaltigsten der ganzen *Commedia*. »Era già l'ora che volge il disio / ai naviganti e 'ntenerisce il core / lo dì ch'han detto ai dolci amici addio.« – »Es war die Stunde, die mit Sehnsucht füllet / die Schiffer, und das Herz erweicht am Tage, / da sie von ihren

Freunden Abschied nahmen.« Es ist die Stunde, die denen, die unterwegs sind, das Herz zurückwendet zu den Freunden, die sie verlassen haben. Reisende, Meerfahrer, Wanderer, Pilger, Vertriebene: Alle tragen ihr Los schwer in dieser Dämmerstunde, da sie von ferne das Läuten der Abendglocke hören: »che paia il giorno pianger che si muore« – jene Abendglocke, die den Tag zu beweinen scheint, der nun allmählich stirbt. Dante nennt die Glocke »la squilla« – es ist die kleine hoch- und helltönige Glocke, die die Mönche zum letzten Abendgebet ruft. Als der Ruf der Glocke verhallt, sieht Dante eine Seele emporsteigen, die die Hände zum Gebet erhebt und die Nahestehenden ermuntert, in den ambrosianischen Abendhymnus einzustimmen. Es ist dies jener alte liturgische Gesang, in dem der Gläubige Gott um Schutz in der Dunkelheit bittet, Schutz vor schlechten Träumen, dunklen Einbildungen, dämonischen Heimsuchungen. Was Dante jetzt hört, das kommt in so schönen Tönen aus dem Mund der Singenden – »le uscì di bocca con sì dolci note«, daß es ihn ganz besinnungslos macht, »che fece me a me uscir di mente«. Musik, die ihm nahezu den Verstand raubt, hört Dante also beim Abstieg ins Tal der Fürsten, das schon in tiefer Dunkelheit liegt. Schnell ist er mit den beiden dichtenden Kollegen unten, da erblickt er einen, der trotz Dunkelheit ihn zu kennen scheint. »Nino, du edler Richter, wie freue ich mich, dich hier zu sehen und nicht unter den Verdammten.« Offenbar befürchtete Dante, sein Freund Nino Visconti, der als Podestà und Capitano del popolo in der Zeit der politischen Wirrnisse ein Heerführer war, hätte leicht auch in die Hölle unter die verdammten Herrscher geraten können. Nun aber ist er da, zwar noch leidend und von der durch die

Nacht schleichenden Schlange bedroht, aber doch schon eingespurt auf den Weg der Erlösung. Dieser Nino aus Pisa war Guelfe gewesen und hatte zahlreiche Kämpfe zwischen Guelfen und Ghibellinen angeführt, bis er schließlich Richter im sardischen Gallura wurde. Nino war 1296 gestorben, und nun findet Dante ihn hier wieder, vier Jahre nach seinem Tod, und ein Satz drückt die Freude über diese Begegnung besonders schön aus: »Nullo bel salutar tra noi si tacque.« Das heißt: Keine mögliche Art schöner Begrüßung blieb stumm zwischen uns beiden. Man könnte auch übersetzen: Nichts ließen wir aus von dem, was Freunde, wenn sie sich wiedersehen, einander zu sagen haben. Nino will jetzt wissen, wie es kommt, daß Dante hier ist. Welches Staunen, daß jemand, der gar nicht tot ist und bald ins irdische Leben zurückkehren wird, den Weg hierher findet! Gleich ruft er den Corrado Malaspina herbei, der hier ebenfalls unter den Fürsten wartet, damit auch dieser erfahre, was für eine seltsame Gunst Gott seinem Freund Dante gewährt. Und Nino ersucht ihn, sogleich seine noch kleine Tochter Giovanna aufzusuchen, wenn er auf der Erde zurück sei, damit diese für ihn bete, denn der Himmel erhöre die Bitten der Unschuldigen. Sie reden über Ninos Frau, die als Witwe schnell einen anderen heiratete: Da kannst du sehen, mein Freund, wie lange die Liebe einer Frau dauert, wenn Auge und Hand, »occhio e tatto«, das Feuer der Liebe nicht immer wieder neu anzünden! Liebe und Leidenschaft können rasch erkalten, freundschaftliche Zuneigung dagegen hält an, sogar über den Tod hinaus.

Seinen nächsten Jugendfreund trifft Dante im Venushimmel, in einer Sphäre, in der schon die Liebe leuchtet und wärmt. Dante betritt diesen Himmel in Begleitung Beatrices und spürt sogleich, was Venusluft bewirkt: »la donna mia ch'io vedi far più bella.« Beatrice erscheint ihm noch schöner als in den niederen Stufen des Paradieses, im Mond- und im Merkurhimmel. Kreisende Lichter kommen ihm hier entgegen, als tanzten sie einen Reigen. Er hört Stimmen, die Hosanna singen, so schön, daß ihm nie mehr die Sehnsucht nach diesem Gesang vergeht. Ein Licht nähert sich ihm und spricht ihn an: Wir sind hierher gekommen nur dir zu lieb, »al tuo piacer«, damit du an uns deine Freude hast. Denn eigentlich sind die Liebesseligen ja oben in der Lichtrose zu Hause, wie alle Himmelsbewohner. Hier erscheinen sie nur, damit der Wanderer sie in ihrer besonderen Seligkeit erkennen kann. Beatrice ermuntert Dante, die Erscheinung anzusprechen. Wer seid ihr denn, fragt Dante die Lichtgestalt, »la voce mia di grande affetto impressa« – »mit heftig ergriffener Stimme«. Die Gestalt nimmt sofort an Größe und an Leuchtkraft zu und gibt ihm zu verstehen, daß er, Dante, sie in früheren Zeiten sehr lieb gehabt habe, und zwar mit gutem Grund: »assai m'amasti, ed avesti ben onde«. Nun erkennt Dante das Lichtwesen. Es ist Karl Martell, der Sohn des Königs von Anjou, den er vor Jahren in Florenz kennen- und schätzengelernt hat, bevor der junge Herrscher im Alter von 24 Jahren starb. Nur das Laub meiner Liebe zu dir hast du kennengelernt, meint Karl nun zu seinem Freund. Die Früchte der Freundschaft sind uns ausgeblieben. Die Träume eines neuen befriedeten Reiches sind nicht wahr geworden. Weder die Krone Ungarns noch jene Apuliens und Siziliens hat Karl Martell gewinnen können. Die sizilianische Vesper von 1282 setzte der Herrschaft der Anjous im Süden Italiens ein Ende. Nun kamen die Aragonesen, und die Habgier der Fürsten und die Verderbtheit der Herrscherhäuser nahmen noch zu. Alle haben immer nur ein Ziel: die eigenen Truhen zu füllen, klagt Karl. Doch zwischen den beiden Freunden blüht jetzt im Venushimmel der Traum einer friedlichen Herrschaft auf, mit einem König an der Spitze, der in der Poesie so firm ist wie im Regieren. Karl Martell ist es nämlich, der eine weitere Kanzone aus Dantes Jugendzeit anstimmt: »Voi, che intendendo il terzo ciel movete« – »Ihr, die ihr verstehend den dritten Himmel dreht«: Gemeint sind die Heerscharen der Engel, die den Venushimmel in Bewegung halten. Karl Martells Gespräch mit Dante wendet sich der Frage zu, wie es denn komme, daß so viele Menschen sich für falsche Aufgaben bestimmt und auserwählt glauben. Warum endet so vieles, was der Himmel harmonisch vorbestimmt und einfädelt, so ungut und schief? Einer wird Kardinal, der eher mit dem Schwert kämpfen sollte, ein anderer macht sich zum Herrscher, der besser als Mönch predigte. Wieder einer stirbt zu früh, und der Traum einer gerechten Herrschaft ist für immer dahin. Karl Martell erläutert seinem Freund, daß nicht die Schöpfung falsch eingerichtet ist, sondern daß allein die Menschen mit ihren Begehrlichkeiten zum wirren Zustand der Welt beitragen.

Das Gespräch zwischen Karl Martell und Dante ist durchpulst von tiefer Freundschaft und berührendem Zutrauen: »ma perché sappi che di te mi giova« – »du sollst es nämlich wissen, daß es mir Freude macht, hier mit dir zu sein«! Das Beisammensein von Gleichgesinnten: Das ist bei Dante der eigentliche Kern der Glückserfahrung. Sein Süden. Man ist sich nah, man hört einander zu, man will verweilen, hören und verstehen. In guten und in schlechten Zeiten. Auf Erden und sogar im Jenseits.

Musik des Südens

Was stellst du dir unter einem Faun vor? Ein gräßliches männliches Wesen mit Bocksfüßen, einem Zottelbart am Kinn, zwei schwarzen Hörnern und anderen, seine Männlichkeit grob markierenden Merkmalen? Oder aber einen schönen Jüngling, der mit seiner Herde in der Nähe einer Flußquelle lebt, mit den Tönen seiner Schilfrohrflöte Nymphen anlockt und mit ihnen tändelt und schäkert?

Beide Vorstellungen sind richtig, denn dieser alte Gott der Hirten und Herden ist oft als roher Wüstling verschrien und ebensooft als kunstsinniger Jüngling besungen worden. Der römische Faunus geht auf den griechischen Gott Pan zurück, der zum Gefolge des Dionysos gehörte. Von ihm kennen wir den panischen Schrecken, weil er völlig unerwartet in wilder Begehrlichkeit mitten hinein in die nichtsahnenden Träumereien eines unschuldigen Wesens platzen kann. Von diesem Pan wissen wir aber auch, daß er der Urheber der geheimnisvollen Stimmen der Natur ist, die uns ins Einvernehmen setzen mit Geschöpfen, die weit einfühlsamer und inniger leben, als wir es vermögen. Pan lebt in Gesellschaft von Nymphen, stellt ihnen aber auch nach. Eine Geschichte will sogar, daß eine Nymphe sich im Wasser in ein Schilfrohr verwandelt haben soll, um den Nachstellungen des Pan zu entkommen. Seitdem spielt er die Flöte, und zwar eine, die aus dem verwandelten Schilfrohr hergestellt ist: eben die Panflöte oder die Syrinx, wie die Griechen das Instrument genannt haben. Wer da behauptet, Pan und sein römischer Verwandter Faunus seien nichts als triebhafte Rohlinge, übersieht ihre Begabung, aus fehlgeschlagenen Abenteuern Kunst entstehen zu lassen.

Die Schönheit des Fauns liegt in seiner seltenen Fähigkeit, einen wilden Trieb in betörende Musik verwandeln zu können. Im Jahr 1876 veröffentlichte Stéphane Mallarmé ein Gedicht mit dem Titel *L'Après-Midi d'un Faune – Der Nachmittag eines Fauns*. In der Hitze eines Sommernachmittags, inmitten von flachen Teichen und sumpfigen Ufern irgendwo in sizilianischer Landschaft, versucht ein Faun zu begreifen, wer er ist, was er erlebt hat, worauf er noch immer aus ist. »Ces nymphes, je les veux perpétuer« – »Die Nymphen hier, die müssen immer bleiben!« lautet die erste Zeile des Gedichts. Ja, die Nymphen sind es, die er sucht, heute und immer schon und nach der Mittagsstunde wieder. Doch im Halbschlaf des fiebrigen Nachmittags weiß er nicht mehr: Hab ich von Nymphen nur geträumt, oder waren die, die ich letzte Nacht geliebt habe, wirklich? »War ein Traum nur meine Liebe?« fragt er sich verwundert. Ist das schwebend leichte Rosa, das der Faun um sich sieht, nur die Farbe der warmen Luft und nicht die des Fleisches der beiden Schönen vergangener Nacht? Ist alles nur Wunschtraum und Illusion gewesen, was sich abgespielt hat? Der Blick der einen Nymphe, der Seufzer der anderen: alles nur Wahn, alles Trug? Und die Töne, die er jetzt hört: Ist es das leichte und ferne Rieseln der Nymphenquelle oder doch nur die Erinnerung an den verströmenden Klang seiner eigenen Flöte?

Alles entzieht sich der Überprüfung, alles ist Teil seines halbbewußten Zustands. Waren es Schwäne im Teich oder Flußnymphen, denen er eben noch nachstellte? Flogen die Schwäne auf und davon, als er sie störte? Oder tauchten die weißen Leiber der Nymphen tief ins Wasser hinab? Und doch: Er war es ja, der es erlebte. Ist er nicht einmal verwundet worden, als er einer Nymphe nachstellte? Er nimmt seine Flöte zur Hand, läßt sie in die Schönheit des Nachmittags hineinklingen, in der Hoffnung, Wahn und Wirklichkeit würden sich allmählich trennen — doch die »maligne syrinx, instrument des fuites« — »die falsche Flöte, das Instrument der Flucht« ist selbst schon Betrug, denn was er in Händen hält, ist Schilf und nicht die Nymphe.

Und nun erzählt er, wie es sich zugetragen hat, als er die beiden Nymphen fand, sie entführte, sie bedrängte und im Taumel der Sinne wieder verlor. Sie entkamen ihm — »tant pis!« —, und darum stacheln andere jetzt seine Leidenschaft an. »L'essaim éternel du désir« — das unaufhörliche Schwärmen seines Begehrens treibt ihn immer weiter. Doch hier und jetzt, an diesem glühenden Nachmittag, siegt gegen Lust und Begier die Hitze des Tages und die Stille der Mittagsstunde. »...il faut dormir en l'oubli du blasphème«: »Ich muß jetzt schlafen und schlafend meine Freveltat vergessen!« Der Faun sinkt wieder hinab in die das Bewußtsein lähmende Hitze des Sommernachmittags. Als letztes sieht er, wie seine beiden Nymphen sich in ein schattenhaftes Nichts auflösen.

Mallarmés Gedicht über den in Schlaf und Traum befangenen Faun hat große Aufmerksamkeit auf sich gezogen. Man hat es von Anbeginn gelesen als eine Anspielung auf die Arbeitsweise des Künstlers, der oft in einem vergleichbaren tranceartigen Halbbewußtsein zu sich und seinem Werk findet. Zwischen 1892 und 1894 hat sich aber ein Mann mit diesem Gedicht so auseinandergesetzt, daß dadurch dem Werk Mallarmés ein noch ruhmreicheres Nachleben erwachsen ist. Ohne die Geschichte des Fauns nacherzählen zu wollen, hat Claude Debussy mit seinem *Prélude à l'Après-Midi d'un Faune* etwas geschaffen, das als Stimmung und als Erlebnis nichts weniger als die Quintessenz dieses südlichen Faun-Nachmittags ist.

Ein gar nicht so großes Orchester: Streicher, drei Flöten, Klarinetten, Oboe und Englischhorn, vier Hörner, zwei Harfen. Aber keine Trompeten, keine Posaunen, kein Schlagzeug (außer einem antiken Becken und einer Triangel!). Eine Flöte beginnt schwebend auf einem gehaltenen Ton, um ganz leicht chromatisch und in einer Triole beschleunigend abzusinken zum nächsten Haltepunkt. Sie steigt wieder auf zum Ausgang, wiederholt die Bewegung erneut, bis sich nach der zweiten Rückkehr das tonale Spannungsgeflecht klärt und das Orchester am Ende der melodischen Figur das harmonische Netz darunter spannt. Die Magie dieses Anfangs ist so gewaltig, das Thema der Flöte so betörend, die einfallenden Glissandi der Harfen so wundersam überraschend, daß man vom ersten Takt an zum Gefangenen eines Klangzaubers wird, wie man ihn nie zuvor gehört zu haben glaubt. Im Ganzen wird das Thema zehnmal neu aufgenommen, doch jedesmal in so anderem harmonischen Feld, daß man nicht aus dem Staunen kommt. Du mußt einmal aufmerksam hinhören, und du spürst, wie hier Luft vibriert, Hitze flirrt, Düfte sich verströmen. Du hörst flatternde Zungen, Hörner, die einander Botschaften zurufen, eine melancholische Oboe, die dem Schweben der Flöte Gewicht gibt, als käme man aus der Luft auf die Erde zurück. Ein samtener Naturteppich wird da von weichen Streichinstrumenten ausgebreitet, und manchmal holen sie Atem und scheinen in einer weiten

Bewegung alles in die Arme nehmen zu wollen. Ein Werben hörst du in dieser Natur und ein Drängen, da gackert etwas, dort summt etwas anderes, und vieles atmet auch nur ruhig und verläßlich vor sich hin. Dann wieder bangt etwas und klagt etwas, die Luft schwirrt vor aufgeschreckter Bewegung, und schon beruhigt sich alles, und die ganze Welt döst bald wieder vor sich hin.

Mallarmé hat in einem Brief an Debussy geschrieben, er sei als Komponist in einer Beziehung weiter gegangen als der Dichter: in der Gestaltung des Lichtes und der Sehnsucht. Ja, dieser Faun ist bei Debussy lichtsüchtiger und verlustbewußter als bei Mallarmé, aber nicht zum Schaden des Ganzen. Wenn du spüren willst, was der Süden an Nuancenreichtum im Atmosphärischen zu bieten hat, so gibt es dafür nichts Besseres als dieses Präludium von Debussy. Wenn es in meiner Seele nordet und wintert, greife ich zu diesem Stück Musik. Alles hellt wieder auf, die Strahlen des Südens brechen durch, ein warmer Zauber umfängt einen wieder. Du wirst überrascht sein: Trotz des sizilianischen Nymphensumpfs ist da nichts Dumpfes und Stickiges, nichts Faulendes und träge Dahindämmerndes. Alles ist vibrierend lebendig, alles eingebunden in einen klingenden Dialog zwischen dem deutlich Vorhandenen und dem, was erst am Entstehen ist. Kristallin klar ist dieser Süden und dennoch das Sinnlichste, was man sich von einer Musik wünschen darf. Und darin liegt das Wunder, das Debussy hier vollbringt. Sein Prélude dauert nicht einmal zehn Minuten – aber es läßt dich in dieser kurzen Zeit in ein lebenslanges Urgefühl hineinhören.

Warum sind eigentlich die französischen Komponisten in der musikalischen Gestaltung des Südens so unübertroffen? Weil sie die alte Welt der Götter und der Mythen lieben? Weil sie die größten Impressionisten und Sensualisten sind, die für jede Gefühlsregung einen eigenen Farbton, eine spezifische Klangfarbe finden? Ich weiß es nicht. Nur: Mein zweites Exempel für südliche Musik kommt ebenfalls aus Frankreich. Und wieder ist es die Antike, die stark hineinspielt in die Wunschbilder der Moderne.

Gegen Ende des zweiten Jahrhunderts lebte ein Mann namens Longos, über den man fast nichts weiß, außer daß er einen Hirtenroman verfaßt hat. Obwohl er griechisch schrieb, könnte er auch Römer gewesen sein, der vielleicht auf der Insel Lesbos lebte. Jedenfalls siedelt er seine Geschichte von *Daphnis und Chloé* dort an. Ihr Inhalt ist schnell erzählt: Zwei ausgesetzte Kinder werden von Hirten großgezogen, wachsen heran, entdecken die Natur, die Menschen, die Götter ihrer Umgebung, vor allem aber entdecken sie eine seltsame Sehnsucht, die sie mit aller Macht zueinander treibt. In den vier Teilen der Geschichte werden die Stufen dieser unwiderstehlichen Anziehung gekonnt geschildert: vom kindlichen Vergnügen aneinander zur Entdeckung des Eros, von den erotischen Unsicherheiten und Wirrungen der Halbwüchsigen zur Liebesgewalt, die sie schließlich zu einem glücklichen Paar macht. Was wie ein Trivialroman klingt und tatsächlich auch mit vielen konventionellen Elementen durchsetzt ist – es kommen Piraten vor, Entführungen, dreiste Nebenbuhler, feindliche Nachbarn, Rettung in letzter Minute durch Intervention der Götter und das Erscheinen der richtigen Eltern –, erweist sich als feinsinnige, erzählerisch raffiniert entwikkelte Liebeslehre, die die ganze Palette der Freuden und Schmerzen entfaltet, die der Gott Eros seinen Auserwählten zu bereiten beliebt. Es treten die in Liebesdingen Erfahrenen als listige Ratgeber der Ahnungslosen auf. Der alte Hirte Philetas etwa empfiehlt als Heilmittel gegen die Qualen einer Krankheit namens Liebe den Kuß, die Umarmung und das nackt Beieinanderliegen. Die erfahrene Nachbarin Lykänion bringt dem unglücklichen Daphnis das noch fehlende Stück zur Liebeserfüllung bei, damit der Hirt sich nicht mehr darüber grämen muß, daß schon seine jungen Böcke liebestüchtiger sind als er selbst. Die Nymphen und der Gott Pan sind zur Stelle, wenn keine Menschenhand das Unglück der Trennung für die Liebenden abwenden kann. Es ist nur zu verständlich, daß dieser wunderbar freie und spielerische Roman im Ansprechen und Schildern von Liebesfreuden bei Puritanern und ihrem Anhang auf Ablehnung stieß. Freie Geister wie Goethe dagegen haben diesen Liebesroman hoch geschätzt und entsprechend gerühmt: »...ein Meisterstück, das ich oft gelesen und bewundert habe, worin Verstand, Kunst und Geschmack auf ihrem höchsten Gipfel erscheinen... Und keine Spur von trüben Tagen, von Nebel, Wolken und Feuchtigkeit, sondern immer der blaueste, reinste Himmel, die anmutigste Luft und ein beständig trockener Boden, so daß man sich überall nackend hinlegen möchte.«

Im Jahr 1909 kamen Serge Diaghilew, Gründer und Impresario des russischen Balletts in Paris, und sein Choreograph Michail Fokine zu Maurice Ravel, um bei ihm die Partitur zu einem neuen Ballett zu bestellen. Fokine brachte ein Libretto mit, das wesentliche Szenen von Longos' Hirtenroman zusammenfaßte, geschickt reduziert darauf, was sich an dieser Liebesgeschichte besonders gut tänzerisch darstellen ließe. Ravel machte sich an die Arbeit, kam aber nur harzig voran. Nach einer ersten Klavierfassung begann der Komponist mit der Orchestrierung, arbeitete seine »choreographische Symphonie in drei Teilen« aber immer wieder um, instrumentierte neu, und erst am 5. April 1912 konnte er sein Finis unter die Partitur setzen. Kein anderes Werk hat Ravel so lange beschäftigt. Die Uraufführung fand nach mühsamen Proben, Mißverständnissen und einigem Ärger mit Ausführenden und Verantwortlichen am 8. Juni 1912 im Théâtre du Châtelet statt, übrigens zusammen mit der neuen Choreographie zu Debussys *Prélude à l'Après-Midi d'un Faune* für den berühmten Vaslav Nijinski, womit dieses Werk gleichsam neu auf der Bühne zu leben begann. Die Aufnahme der Uraufführung von *Daphnis et Chloé* war gemischt. Die einen rühmten die Poesie der Partitur und die Delikatesse der Instrumentierung, andere stellten fest, daß die Aufführung insgesamt »beklagenswert konfus« gewesen sei. Doch die meisten Menschen spürten gleich, daß in dieser Musik etwas lag, das ihre Hörgewohnheiten neu forderte. So entstand der Wunsch, das Werk ohne Tänzer als rein musikalische Erfahrung im Konzertsaal hören zu können. Ravel kam diesem Wunsch nach und erstellte mit einer ersten und einer zweiten Suite Orchesterfassungen, die man nun auch in Konzerten aufzuführen begann. Heute begegnet man im Konzertsaal sowohl der Ballettversion wie den Suiten. Die Unterschiede sind nicht sehr groß, weil die Magie dieser Musik beide Fassungen gleich stark durchpulst.

Hör dir einmal an, wie hier aus dem Nichts etwas entsteht, gleichsam aus Tontropfen, wie sich ferne Stimmen ganz leise im Hintergrund bemerkbar machen, wie da ein Klangschleier heranweht und allmählich in diesem schwebenden Nebel Töne wie Farben aufzuleuchten beginnen, eine Flöte, ein Horn. Ein Riesenorchester hält sich erst im Untergrund bereit, rüstet sich, ans Licht zu kommen. Deutliche Rhythmen beginnen sich abzuzeichnen, vorsichtige Schritte zunächst, die immer festeren tonalen Boden erhalten. Ein Tanz beginnt, ruhig und doch festlich, gleichsam noch von Andacht benommen. Die Pizzicati der tiefen Bässe scheinen die Bewegung zu bestimmen, alles fügt sich allmählich in eine erkennbare Schrittbewegung, alles tritt näher, intensiviert sich, rauscht heran, als ob die Lautstärke das Indiz für den Willen zur Huldigung wäre. Daphnis und Chloé nähern sich den Nymphengottheiten, opfern, entfernen sich wieder. Danach vergnügen sie sich im Spiel, finden sich, küssen sich, umarmen sich. Das Liebesthema blüht auf, immer weniger zögernd, mit einer Welle von Rausch und Leidenschaft im Gefolge.

Stundenlang könnte ich jenes Sich-Formen von Bewegung und Handlung in dieser Musik verfolgen, die Mischung aus Mut und Zögern, Drang und Verhaltenheit. Bald einmal hörst du den Tanz des tölpelhaften Ochsentreibers, der von der Menge verlacht und verhöhnt wird, dann ironische Nachäffungen von Motiven, es schlurfen und japsen die Hörner, es wirbelt eine Windmaschine, die Stimmungen wechseln schnell, ein ständiges Probieren im Umgang miteinander. Du hörst zwei Klarinetten, die sich frech virtuos verlustieren, ein Solocello, das geradezu eine Seelenfarbe hineinbringt in die Bewegung der Körper und der Glieder. Obwohl die Handlung schematisiert ist, vernimmst du doch wieder alles: das Erwachen der Nymphen, das Tummeln und Wüten der Piraten, die Gewalt, mit welcher Pan alle Übeltäter und alle, die von der Liebe sich abwenden, in die Flucht schlägt. Du hörst den Chor der Klagenden und der Jubelnden, du begreifst die Intimität der Umarmungen, die Magie der Liebesgrotte, die Trennungen und das Sehnen und Streben der Liebenden zueinander. Denn wenn es im Roman die zarten Beschreibungen des Dichters Longos sind, die dich die Sehnsucht und die Leidenschaft der Liebenden begreifen lassen, dann ist es bei Ravel die Liebe selbst, die das Grundthema der Musik geworden ist. Es ist die leise und die ängstliche, die freche und die vorlaute, die enttäuschte und die unerlöste, aber auch die selige und erfüllte Liebe, die in dieser Musik ihren Ausdruck findet. Hier tastet sich die Liebe vor, hier schleicht sie heran, schmiegt sich an, packt zu. Hier tanzt sie und trotzt sie, hier klagt sie, und hier verzagt sie auch. Ob es das leise Erwachen des Tages ist, das Ravel zu Beginn des dritten Teils mit nie gehörten Farben im Orchester gestaltet, oder das Bacchanale, der rauschende Wirbel, der unwiderstehliche Sog, die peitschende Gewalt, die er im Schlußtanz aus dem vollen Orchester herausholt: Immer ist es die Liebe, die als stärkste Energie die Musik durchfeuert und durchhitzt. Diese Musik ist eine Hymne auf die dionysische Kraft der Natur, auf die Zaubermacht der südlichen Götter der Liebe, auf die Leidenschaft sich suchender Menschen. Findest du eine Musik, die zugleich inniger und wilder, schmeichelnder und frecher, zärtlicher und rauschender, kurzum: südlicher ist als diese Ravelsche, hast du bei mir drei Wünsche frei.

Vielleicht aber ist es gar nicht diese innige Verschmelzung von visionärer Archaik und französischem Raffinement, die für dich das Erlebnis südlicher Musik ist. Vielleicht kommt der Süden in deiner Vorstellung in viel einfacheren Klängen zum Ausdruck. In der Stimme einer alten Frau bei der Karfreitagsprozession zum Beispiel, die in Lauten, seltsam zwischen Klage und Schrei schwebend, ihren Schmerz hinaussingt. Oder in einer sizilianischen Weise, bei der man nicht mehr unterscheiden kann, ob sie ein Wiegenlied oder eine Totenklage ist. Oder einer »Canzuna«, in der sich Gebet und Fluch so durchmischen, daß du Zweifel hast, ob damit der liebe Gott oder der Teufel geehrt werden sollen. Es gibt alte Lieder auf dieser Insel, mit Klängen, die sich reiben und quälen, mit Tonschritten, die unseren heutigen Ohren Verletzungen beizubringen drohen. Sie wurden zu kirchlichen und weltlichen Anlässen gesungen, manche gehörten zu bestimmten Berufsarten, zu den Fuhrmännern und Kutschern zum Beispiel. Andere wurden vorgetragen bei großen Familienfesten, bei einer Geburt, einer Hochzeit, einem Todesfall. Man hört sie heute kaum mehr, doch zur rechten Zeit hat man sie noch aufgezeichnet, vorgetragen von ungeschulten Sängerinnen und Sängern, die sich ihre Stimme und ihre Vortragskunst in einem Chor angeeignet haben, der aus der Unterwelt zu stammen scheint. Moderne Komponisten haben jene fremden Laute wiederentdeckt und schreiben heute Werke, die aus diesen Lied- und Klangtraditionen schöpfen. Sie benutzen die Virtuosität moderner Interpreten, um von ihnen Klänge, die unseren Ohren fremd geworden sind, neu herbeizaubern zu lassen. Es sind wilde und ungestüme Weisen, die manchmal eher einem Tierlaut ähneln als der menschlichen Stimme.

Ja, auch dies ist südliche Musik, und eine erderschütternde dazu. Aber auch eine, die uns spüren läßt, wie fremd der archaische Süden uns inzwischen geworden ist. Es ist ein Süden, der von solcher Herbheit und Härte, von solcher Unerbittlichkeit und Gnadenlosigkeit ist, daß man unsicher wird, ob man ihn je in Wirklichkeit erleben möchte.

Willst du darum noch einen anderen Vorschlag für südliche Musik hören? Lege dich in Delphi oder in Sizilien an einem Sommernachmittag unter einen alten Olivenbaum. Auch wenn es heiß und drückend ist, vergiß den Schlaf. Über deinem Kopf zirpen Hunderte von Zikaden. Ihre Musik ist laut, beinahe betäubend monoton, aber diese Musikanten würden es dir übelnehmen, wenn du ihnen nicht zuhörst. Weißt du, daß sie einmal Menschen waren? Kennst du die Geschichte dazu?

Sokrates war an einem Nachmittag mit Phaidros unterwegs in Athen. Die beiden spazierten friedlich, die Sonne brannte auf ihren Denkerstirnen, und so suchten sie unter einem Baum Schatten. Sie unterhielten sich über das Wesen der Lust: ob sie eine Sinnentäuschung sei oder aber etwas, das die Seele brauche zur vollkommenen Glückseligkeit. Wie sie sich im Schatten der Äste ausgestreckt hatten, fühlte Sokrates, daß die über ihnen singenden Zikaden auf sie herabschauten. Wenn beide Philosophen nun nur vor sich hin dösen würden, anstatt sich miteinander über lebenswichtige Dinge zu unterhalten, müßten sie den eifrig musizierenden Zikaden doch als faule Knechte und tumbe Gesellen vorkommen und keineswegs als Menschen, die das Wesentliche und Schöne im Leben suchen. Und nun erzählt Sokrates seinem Freund Phaidros, wie es sich mit den Zikaden verhält. Diese waren früher Menschen wie du und ich. Dann haben die Götter die Musen geboren. Auf einmal war die Welt von solchem Gesang, solcher Musik, so unwiderstehlichen Tänzen erfüllt, daß einige Menschen vor Entzücken und Lust am Gesehenen und Gehörten zu essen und zu trinken vergaßen. Ohne daß sie es merkten, starben sie dahin. Wegen solch unermeßlicher Hingabe an die schönen Dinge haben die Musen sie in Zikaden verwandelt, die nur Tau trinken und sonst nichts brauchen, um ohne Unterlaß zu singen. Aufgabe der Zikaden ist es, den Musen im Olymp zu berichten, was die Menschen aus Streben nach vollkommener Lust und Schönheit zustande bringen. Darum ermahnt Sokrates den Phaidros, nicht zu schlafen wie ein Tier, sondern mit ihm, obschon es heiß ist, die Rätsel des Daseins zu besprechen, unermüdlich wie die Zikaden über ihnen.

Ich kenne einen prächtigen Olivenbaum auf meiner Insel, die Wohnstatt unzähliger Zikaden. Sollte ihr Gesang deine südliche Musik sein: Komm, wir legen uns unter diesen Baum. Ich verspreche, dort mit dir nur Dinge zu tun, welche die Musen entzücken, wenn die Zikaden ihnen über uns berichten.

Wüste oder Stadt?

»Der Vorschmack von den reinen Lüsten.
Führt mich durch Berge, Tal und Wüsten.«

(J. Chr. Günther)

Die Wüste ist ein Süden ohne Wasser. Ich weiß, daß es auch Eiswüsten gibt, im Norden und sogar im Süden, aber die eigentlichen Wüsten sind doch die Heißwüsten, die vor Urzeiten womöglich blühende Landschaften waren und inzwischen verödet und versandet sind. Es gibt Menschen, die diese wasserarmen Landschaften für die schönste Augenweide halten, welche die Erde zu bieten hat. Wer Augen hat für alle farblichen Abstufungen, die Sand und Fels im Verlauf eines Tages im sich verändernden Sonnenlicht hervorkehren, entdeckt eine magische Vielfalt und einen Nuancenreichtum gerade dort, wo Einheitlichkeit vorzuherrschen scheint. Man glaubte früher, die Wüste sei lebensferne und lebensfremde Natur. Heute verblüffen uns Botaniker und Zoologen mit ihren Entdeckungen im Lebensraum Wüste immer neu. Nicht nur für Ameisenforscher ist sie ein Eldorado. Wenn du erfahren willst, wie organisches Leben sich auch unter extremen Bedingungen zu erhalten vermag, mußt du dich der Wüste zuwenden.

Für die Alten war die Wüste das Gegenteil vom Gelobten Land. In diesem fließen die Quellen, das Leben blüht, die Menschen spüren, daß die Götter ihnen nahe sind und daß sich das Dasein lohnt. Die Wüste dagegen ist der

Wohnort der Dämonen, hier lauert Versuchung, es treibt die Menschen zu Selbstkasteiung und Einsamkeit. Nur Verrückte wollen in die Wüste. Solche, die auf der Flucht vor ihren Zeitgenossen und vor sich selber sind. Schon im Matthäus-Evangelium heißt es, daß in der Wüste falsche Propheten und Erlöser in Erscheinung treten werden. Der Evangelist warnt: »Wenn man euch sagt, der Messias sei in der Wüste, geht nicht hin!«

In der Wüste wächst kaum etwas, dafür ist sie der beste Nährboden für Illusionen, selbstquälerische Einbildungen, krankhafte Obsessionen. Die Sonderlinge, die es nicht aushalten in Gesellschaft anderer, hat es immer in die Wüste gezogen. Jene also, die einen Rückzieher vor dem Leben machen, die »Anachoreten«, und jede Sorte von Asketen, Eremiten, Säulenstehern, Akoimeten – diejenigen, die leben wollen ohne zu schlafen – samt den Wundersüchtigen, die die Wüste zum Ort aller Offenbarungen erklären. Die Legendenbücher kennen diese seltsamen Abenteurer, die sich mutwillig den Versuchungen des Teufels aussetzen. Doch die Wüste täuscht. Der Dürstende glaubt Wasser zu sehen. Und was hat er vor sich? Nichts als Luftspiegelungen. Eine reine Fata Morgana!

Nizâmî, der persische Dichter aus dem Mittelalter, erzählt in seiner herrlichen Erzählung von *Laylâ und Madschnûn*, wie es einem Liebenden ergeht, der, weil er von seiner Geliebten getrennt wurde, in die Wüste zieht: Er wird wahnsinnig. Die Dschinn-Geister, Herren der Wüste, nehmen von ihm Besitz. Dschinns sind Wesen, die aus rauchlosem Feuer erschaffen sind und die eine Stimme haben, mit der sie die Einsamkeitssucher in die Wüste rufen. Aber was die Menschen von ihnen dort zu sehen und zu hören bekommen, sind keine verläßlichen Dinge, sondern Hirngespinste, die in öden und verlassenen Wüsten entstehen. Der Koran sagt es so wie die Bibel: Die Wüste ist gefährlich. Sie wimmelt von Dämonen, bösen Geistern, Unheilbringern. Zum Beispiel auch von Ghûls. Ein Ghûl ist ein häßlich wildes Lebewesen ohne feste Form und Gestalt, halb Mensch, halb Tier, das die Wüsten bewohnt und die Wegsuchenden von der richtigen Fährte abbringt. Die Perser glauben, daß in ihren Wüsten der Dîw lebt. Er ist ein Geist des Bösen und treibt sich bei Dunkelheit herum, verspricht den Verirrten, sie in die nächste Oase zu bringen, und führt sie nur weiter in die trostlose Wüste hinein. Den Wüstengeistern ist nicht zu trauen. Das mußte der heilige Antonius am eigenen Leib erfahren. Du kannst es auf dem Isenheimer Altar des Mathias Grünewald sehen, welche Hölle die Wüste selbst für die duldsamsten unter den Gottsuchern ist. Wer nicht lebensmüde und nicht verrückt ist, macht um die Wüste einen weiten Bogen.

Manchmal aber scheint die Grenze von Lebensraum und Wüste fließend. Es gibt Orte, da weißt du nicht, ob du noch auf nährendem Boden oder schon in der Wüste lebst. Der Süden kennt solche Orte. Fahr einmal von Enna im Spätsommer auf Nebenstraßen Richtung Agrigent. Hier erstrecken sich kilometerweit Landschaften, die so ausgetrocknet, ausgemergelt, durchgebrannt sind, daß du glaubst, du seist in der Wüste. Erinnerst du dich an das Gespräch, das Don Fabrizio im *Gattopardo* mit dem Gesandten aus Turin führt, der ihm den Posten eines Senators der neuen Republik anbietet? Chevalley erhält zwar eine Absage auf sein Ansinnen, dafür jedoch wird er Zeuge einer besonderen Einsicht des Fürsten: In Sizilien grenzt der Lebensraum unmittelbar an die Wüste.

»Sizilien, die Umwelt, das Klima, die sizilianische Landschaft. Das sind die Kräfte, die zugleich – und viel mehr als alle Fremdherrschaften und Schändungen – unseren Geist gebildet haben: diese Landschaft, die keine Mitte kennt zwischen üppiger Weiche und vermaledeiter Wüste (›fra la mollezza lasciva e l'arsura dannata‹, heißt es im Original!); die niemals eng ist, nie nur bescheidene Erde, ohne Spannung, wie ein Land sein müßte, das vernünftigen Wesen zum Aufenthalt dienen soll; dieses Land, das wenige Meilen voneinander entfernt die Hölle um Randazzo hat und die Schönheit der Bucht um Taormina; dieses Klima, das uns sechs Fiebermonate von vierzig Grad auferlegt. Zählen Sie sie, Chevalley, zählen Sie sie: Mai, Juni, Juli, August, September, Oktober; sechsmal dreißig Tage Sonne senkrecht auf den Kopf; dieser unser Sommer, ebenso lang und schrecklich wie der russische Winter, und man kämpft gegen ihn an mit geringerem Erfolg; Sie wissen es noch nicht – aber bei uns kann man sagen, es regne Feuer wie auf die verfluchten Städte der Bibel; wenn ein Sizilianer in nur einem jener Monate ernstlich arbeiten wollte, würde er die Energie verbrauchen, die für drei ausreichen muß. Und dann das Wasser: Es ist entweder nicht vorhanden oder man muß es von so weit herholen, daß jeder Tropfen mit einem Tropfen Schweiß bezahlt werden muß; und danach wieder die Regengüsse, immer ungestüm: Sie bringen die ausgetrockneten Flußbetten zu wahnwitzigem Überschäumen, sie ersäufen Tiere und Menschen genau da, wo vor vierzehn Tagen die einen wie die anderen vor Durst ver-

reckt sind. Diese Heftigkeit der Landschaft, diese Grausam-
keit des Klimas, diese ständige Gespanntheit, wohin man
auch blickt, auch diese Denkmäler der Vergangenheit,
großartig, aber unbegreiflich, weil nicht von uns errichtet:
Sie stehen um uns her wie wunderschöne, stumme Ge-
spenster.«

Don Fabrizio entschuldigt nicht die Nachlässigkeit, die
Gleichgültigkeit, die Schlampigkeit, die auf seiner Insel
herrschen. Er verteilt auch nicht die Schuld zwischen jenen, die hier leben und den anderen, die gekommen sind
und weiter kommen werden, um die Insel auszubeuten. Er
sagt nur, daß dieses Land, das im Frühjahr ein Paradies
scheint, sich in wenigen Monaten in eine Wüste verwandelt. Wer hier lebt, muß sich damit arrangieren, seit eh und
je.

Sicher hast du von Empedokles gehört. Er war Arzt,
Philosoph, Dichter und Staatsmann, lebte im 6. vorchrist-
lichen Jahrhundert in Akragas – dem heutigen Agrigent –
und genoß zu Lebzeiten als weiser Ratgeber große Bewunderung bis nach Athen, dem damaligen geistigen Zentrum
der westlichen Welt. Seit Menschengedenken müssen auf
Sizilien Wind und Wetter wild getobt haben, und die Sonne hat im Sommer die sizilianische Erde von allem Leben
leer gebrannt. In einer der tradierten Schriften des Empedokles heißt es:

»Du wirst Einhalt gebieten den unermüdlichen Stürmen,
Welche die Erde bedrängen und alle Felder verwüsten.
Wenn du aber den Wind wünschst, dann wirst du erwecken
    ihn können,

Wie auch die schwärzliche Sintflut in trockenes Wetter
   verwandeln.
Ebenso machst aus der Dürre des Sommers du für die
   Menschen
Regengüsse, die strömen vom Himmel und nähren die
   Bäume.
Auch aus dem Hades erweckst du zu neuem Leben die
   Toten.«

Es scheint dies die Anrufung eines mächtigen Wesens zu
sein, dem der Philosoph es zutraut, daß es die Elemente und
die Kräfte der Natur verträglich zueinander zu ordnen versteht. Von Jahr zu Jahr sollen die Früchte der Erde neu
wachsen; sogar diejenigen, die jetzt im Totenreich sind,
sollen ein neues Leben erhalten. Empedokles war überzeugt, daß alles Leben auf Liebe und Haß, auf Anziehung
und Abstoßung beruhe.

»Bald sind, von Liebe bewegt, alle Dinge zu Einem
   verbunden,
Bald ist, getrieben von Haß, in Einzelnes alles geordnet.«

Was sich anzieht, das verbindet sich auch, gleicht sich aus
und ergänzt sich. Was sich dagegen abstößt, sorgt für Ex-
treme, schafft Trennung, Isolation, Feindschaft. Unverbun-
den toben die Dinge vor sich hin und gegeneinander,
schaffen Zerstörung und Tod. Nur wo die Elemente sich
miteinander verbinden, blüht die Natur auf und der
Mensch in und mit ihr. Das ist die Lehre des Weisen aus
Agrigent.
   Die Wüste ist ein Süden, dem Wasser fehlt. Das erfahren

alle, die ganzjährig Sizilien bewohnen. Wüste ist der Süden aber auch dort, wo die Liebe fehlt. So könnte es Empedokles gesagt haben. Vielleicht ahnt dies, wer im Süden lebt, auch schärfer als anderswo.

Denn Alleinsein ist kein Glück – auch im Süden nicht. Alleinsein ist Körper- und Seelenwüste. Man wird schrullig, wenn man allzu lange allein ist. Was mache ich, wenn du nicht kommst? Soll ich Vögel züchten, auf einer Eselin reiten und traurig verwackelte Gedanken im Kopf haben? Oder soll ich die Sterne zählen, gefangene Vögel befreien und in Sorglosigkeit und Leichtsinn meine Tage dahinleben? Wüste ist, wo jeder nur an sich denkt, wo alle nehmen und forttragen, was sie gerade brauchen, und alles liegen lassen, was ihnen nicht mehr paßt. Die Wüste ist nicht tot, aber sie ist unversorgt, unumworben und aufgegeben, »trascurato«, wie die Italiener sagen: verwahrlost und verkommen, weil niemand mehr seine »cura«, das heißt: seine Pflege und seine Anteilnahme, der Sache zukommen läßt. Soll man sich diese »cura« nicht auch gegenseitig zugute kommen lassen? Manchmal muß man in der Nacht eine Hand ausstrecken und einen Körper fühlen können, etwas Mitatmendes spüren. Bei aller Liebe zur Kreatur: Ein Hund, treuer als jedes andere Wesen, ist dafür auch gut, aber nicht hinreichend.

Du willst nur in die Stadt? Also gut, wir fahren nach Syrakus, auf Ortygia, die Wachtelinsel! Kann man sich etwas Schöneres denken, als für einige Wochen in Syrakus zu leben? Dieses Wundergebilde aus barocken Palästen, antiken Ruinen, Kirchen, die nichts von ihrer langen Geschichte verleugnen, Flußquellen, die Nymphen geweiht sind, und Menschen, die gut zu leben verstehen, nicht rennen, nicht schreien und Übung darin haben, mit Fremden diskret umzugehen? Wir werden in einem Hotel an der Hafenpromenade wohnen, und ich will dir Tag für Tag eine Geschichte erzählen, die mit dem wunderreichen Syrakus zu tun hat. Da hat Archimedes gelebt und gearbeitet, Aischylos im Theater seine Tragödien aufgeführt, da findest du das Ohr des Dionysos und die unvergleichlichen Steinbrüche, die aus dem Felsen gehauenen Theater, Grotten, Basiliken, Katakomben, Villen – alles, was die Neugier anstachelt. Große Adelsfamilien haben diese Stadt geprägt, die gebildet und gastfreundlich waren wie an wenigen anderen Orten. Die Heilige Lucia, die Heilerin jener Augen, die nicht gut genug sehen, hält ihre schützende Hand über der Stadt. Ab und zu werden wir zum Park der Villa Landolina gehen, wir besuchen das archäologische Museum, grüßen die Venus Anadyomene, die dem Meer entstiegene kopflose Schönheit, über die Maupassant sagte, so sehe die Frau aus, die man lieben, begehren und umarmen möchte. Ich werde meine von der Heiligen Lucia gestärkten Augen zuerst auf die Venus richten, dann auf dich und, vergleichend, in doppelter Weise wissen, was ich lieben, begehren und umarmen möchte. Es gibt Abende in diesem Syrakus, die der Vorgeschmack von seligem Leben sind. Man sitzt auf der Piazza Archimede in der Nähe des Artemis-Brunnens, hört das leise Plätschern des Wassers, fühlt die Kühle des Abends und will nichts als eines: die Zeit anhalten.

Jene Venere Landolina, wie man sie auch nennt zu Ehren des Mannes, der sie in einem kleinen Tempel in Syrakus gefunden hat, will mir nicht aus dem Kopf. Jedesmal, wenn ich vor ihr stehe, ergreift mich eine Art von Glückstaumel. Es ist die römische Kopie einer Venus, die heute das Glanzstück des archäologischen Museums von Rhodos bildet. Man nennt diesen Typus auch die »Aphrodite Pudica«, die Schamhafte, weil sie mit der rechten Hand ihre Brust bedeckt und mit der linken das Kleid in der Schamgegend züchtig zusammenrafft. In Rhodos fehlen ihr heute beide Arme, in Syrakus hat sie noch den linken. Doch wie ihre Hand den über die Oberschenkel fallenden Mantel ergreift, ist eine schützende Geste von so vollendeter Grazie, daß man bei jedem neuen Sehen nur staunen kann.

Was ist Schönheit doch für ein Rätsel! Sie leuchtet auf und leuchtet ein – wann sie will, wo sie will, wie sie will. Man ist überrascht, gebannt, verzückt und empfindet in diesen Augenblicken nur, daß es ein Glück ist, am Leben zu sein.

Schönheit erfährt man am eigenen Leib – oder man erfährt sie nicht. Die Quelle der Schönheit ist das Begehren. Bei den alten Griechen ist es der begehrte Leib des anderen, der zur Energie für das eigene Schönheitsempfinden wird. Schönheit ist die Weckruferin unserer Sinne. Eine Lust packt uns und sagt ja zu unserem Dasein. Alles weitere sind Folge-Arrangements des Kopfes. Daß Schönheit etwas mit Symmetrie, mit Harmonie, mit Stimmigkeit und mit freiem Spiel zu tun hat, entdeckt der Kopf nach und nach. Aber erst, nachdem das Feuer der Lust brennt.

Jeder kennt das: eine Landschaft, die ihm den Herzschlag verändert; ein Sonnenuntergang, der sein Gemüt bewegt; ein Ausblick, der ihm die Sprache verschlägt. Für den einen ist es der Berg, für den zweiten das Meer, für den dritten die

Wüste. Die Sinne reagieren auf einmal schärfer und emp-
findsamer. Die Farben leuchten anders auf, Entfernungen
verändern sich, Grenzen verschieben sich. Manchmal ist es
das Unerwartete, Neue, das in den Blick kommt. Dann ist
es die Rückkehr, die Wiederbegegnung, die gefangen-
nimmt. Unbeschreiblich gewaltig kann der Eindruck sein –
oder aber unendlich sanft und weich.

Das Naturschöne hat man oft als das Erhabene bezeichnet. Es rührt uns auf seltsame Weise. Ein nicht Berechen-
bares und nicht Meßbares schwebt dabei mit. Dennoch
kann es Harmonie und Vollkommenheit bedeuten. Man
spricht von der Schönheit des Kosmos. Für den Physiker
gehört dazu die mathematische Ordnung und die Gesetz-
mäßigkeit, mit der die Gestirne kreisen. Für den Betrachter
des Sternenhimmels genügt schon der Gedanke an seine
Unermeßlichkeit, um zu wissen: Schöneres gibt es nicht,
nicht unter und nicht über der Sonne.

Anders wieder bei den Künstlern. Sie sind die Fabrikan-
ten des Schönen und stellen etwas her, das es so in der Welt
noch nicht gab. Oft tun sie es aufgrund einer abweichenden
Einschätzung dessen, was für diese Welt wichtig und not-
wendig ist. Manchmal bringen sie Bestehendes einfach zum
Leuchten. Oder sie erzeugen etwas, das wir als Aufschrei
empfinden, als Revolte und Protest gegen das Vorhandene.
Dann wieder sind Künstler auf eine glückhafte Verklärung
des schon Bestehenden aus. Immer aber hat das, was sie tun,
den Charakter einer Offenbarung – sonst ist es keine Kunst.
Etwas scheint plötzlich neuartig auf, weil ein Wille da ist,
die Welt anders zu sehen, anders zu hören, anders zu erleben. Kunst kümmert sich deshalb so sehr um den Schein der
Dinge. Freilich bedeutet dies nicht, daß wir die Einsicht,

die ein Kunstwerk gewährt, immer auch begreifen, wie wir eine Nachricht begreifen. Zur Kunst gehört, daß sie durch ihre Offenbarungen der Welt mehr Rätsel als Erklärungen zumutet. Manchmal ist Kunst ein ungeahnt geglücktes Arrangement bestehender Erwartungen, manchmal ist sie bewußte Verletzung und Umkehrung des bisher Gültigen. Sie operiert notwendigerweise nicht nur mit dem Schönen, sondern auch mit dem Häßlichen. Die Suche nach dem Geheimnis des Lebens – das eigentliche Ziel der Kunst – bringt die Künstler dazu, die Normalität zu verlassen und sich dem Schrecklichen und Bösen, dem Phantastischen und Erträumten zuzuwenden. So wie Baudelaire Gedichte über die Schönheit und das Elend der Kreaturen schreiben mußte. Kunst hat eben nicht nur das zum Thema, was bereits als schön gilt. Sie stellt Schönheit dort her, wo keiner sie bisher gesehen und gehört hat. Darum verändert Kunst die Welt – auch wenn es oft lange braucht, bis dies offenkundig wird. Sie ist dadurch, daß sie die Welt weniger banal und weniger eindeutig macht, die wichtigste Energie, die uns zur Verfügung steht, um unsere beschränkten Ziele zu korrigieren. Künstlerinnen und Künstler sind die Erfinder jener Sehweisen, die uns begreifen lassen, daß die Welt auch anders und besser sein kann, als sie schon ist.

Langweile ich dich mit meinem Sermon? Nur noch dies: Wenn du vor der Venus Landolina stehst, begreifst du es sogleich: Das Begehren ist die Grundsubstanz der Schönheit. Dies haben die Griechen gewußt: Ohne erotische Komponente ist Schönheit unvorstellbar. Eros ist ein Dämon. Eine zwielichtige Gestalt. Doch ohne diesen Dämon steht das Leben still. Das Streben zum ergänzenden Wesen, das Begehren des Unbekannten, die Sehnsucht nach dem

Fremden und noch nicht Erfahrenen: Das ist die Energie für die Entdeckung des Schönen. Schönheit hat mit Trieb und Verführung mehr zu tun, als in den Schönheitslehren verzeichnet ist. Darum bleibt die Suche nach Schönheit moralisch ambivalent. Verführung, Versuchung, Verlockung: Für die Hüter der Moral ist dies Teufelswerk. Beim Lesen alter Legenden und Erzählungen kommt man zur Überzeugung, daß nicht Gott, sondern der Teufel der Pate der Schönheit ist. Du mußt aber Schönheit unter dem Aspekt der Lebensveränderung betrachten. Dann entdeckst du schnell, daß ohne Lust am Dasein die Kraft zur Willensentscheidung und zu neuer Schöpfung ausbleibt. Lust hält dich und mich am Leben. Mehr noch: »Alle Lust will Ewigkeit – will tiefe, tiefe Ewigkeit«, sagt Nietzsche. Das ist die Botschaft seiner Schönheitsphilosophie. Denn Schönheit ist das Lebendigste, dem man im Dasein begegnet. Es ist aber auch das am meisten Gefährdete und das sich am schnellsten Verflüchtigende. Eros ist ein nicht ganz verläßlicher Partner. Er macht, was er will, wann er will, mit wem er will.

Wenn Eros sich entfernt, folgt ihm Thanatos. Wenn Schönheit sich verabschiedet, ist der Tod zur Stelle.

Verzeih, daß ich ins Räsonnieren geraten bin, obwohl ich doch gar nicht in Syrakus vor der Venus stehe, sondern immer noch auf meiner kleinen sizilianischen Vorinsel weile, die für dich schon halbe Wüste ist. Denke daran, daß Goethe am 13. April 1787 in seinem Tagebuch den Satz notierte: »Italien ohne Sicilien macht gar kein Bild in der Seele: hier ist erst der Schlüssel zu Allem.«

Wir brauchen nicht miteinander die Urpflanze zu suchen. Auf die Suche nach dem Schlüssel zur Schönheit könnten wir uns aber gemeinsam begeben, wenn es denn

nicht der Schlüssel zur Liebe sein soll. Ist das ein Ange-
bot?

Laß mich nur nicht allein in der Wüste sterben. Denn ich
weiß: Die Auferstehung, sofern es eine gibt, findet im Süden statt.

Anmerkung

Im Sommer 2000 schrieb ich die Einleitung zum Buch *Nietzsches Süden*, das mit Beiträgen von Mitgliedern der Stiftung Nietzsche-Haus Sils-Maria und mit Fotografien von A.T. Schaefer zum hundertsten Todestag des Philosophen im Haymon Verlag erschienen ist. Dieser kurze Text steht hier, leicht verändert, als Ouvertüre. Er war Ausgangspunkt einer mitgeschleppten, nicht entschiedenen Frage: Warum lebe ich im Norden, wenn ich es auch im Süden könnte?

Ich habe die Frage hier nicht gelöst. Ich habe sie nur geschärft.

Lektüre für Gestreßte
im insel taschenbuch

Buddha für Gestreßte. Ausgewählt von Ursula Gräfe.
it 2594. 134 Seiten
Fontane für Gestreßte. Ausgewählt von Otto Drude.
it 3030. 103 Seiten
Gandhi für Gestreßte. Ausgewählt von Martin Kämpchen.
it 2806. 146 Seiten
Goethe für Gestreßte. Ausgewählt von Walter Hinck.
it 1900. 128 Seiten
Heine für Gestreßte. Ausgewählt von Joseph Anton Kruse.
it 3155. 120 Seiten
Hesse für Gestreßte. Ausgewählt von Volker Michels.
it 2538. 160 Seiten
Kant für Gestreßte. Ausgewählt von Ursula Michels-Wenz.
it 2990. 177 Seiten
Kierkegaard für Gestreßte. Ausgewählt von Johan de Mylius.
it 2661. 183 Seiten
Konfuzius für Gestreßte. Ausgewählt von Ursula Gräfe.
it 2754. 128 Seiten
Karl Kraus für Gestreßte. Ausgewählt von Christian Wagenknecht.
it 2190. 137 Seiten
Montaigne für Gestreßte. Ausgewählt von Uwe Schultz.
it 2845. 96 Seiten
Nietzsche für Gestreßte. Ausgewählt von Ursula Michels-Wenz.
it 1928. 105 Seiten
Novalis für Gestreßte. Ausgewählt von Ursula Michels-Wenz.
it 2704. 149 Seiten
Platon für Gestreßte. Ausgewählt von Michael Schroeder.
it 2189. 108 Seiten
Proust für Gestreßte. Ausgewählt von Reiner Speck.
it 2866. 140 Seiten
Rilke für Gestreßte. Ausgewählt von Vera Hauschild.
it 2191. 109 Seiten
Schiller für Gestreßte. Ausgewählt von Ursula Michels-Wenz.
it 3074. 147 Seiten

Schopenhauer für Gestreßte. Ausgewählt von Ursula Michels-Wenz.
it 2504. 125 Seiten

Seneca für Gestreßte. Ausgewählt von Gerhard Fink.
it 1940. 100 Seiten

Weihnachten für Gestreßte. Ausgewählt von Peter Wenzel.
it 3638. 125 Seiten

»Was für ein ergreifender Roman über die
Wunder des Lebens.«   *Freundin*

Äthiopien in den sechziger Jahren: Die Zwillingsbrüder Marion und Shiva wachsen nach dem Tod ihrer Mutter und dem spurlosen Verschwinden ihres Vaters als Waisenkinder im Missionskrankenhaus heran. Beide
sind unzertrennlich und wollen, wenn sie erwachsen sind, selbst Ärzte
werden. Während Marion von seinem Ziehvater in die Chirurgie einge-
wiesen wird und die Schule besucht, bildet sich der hochbegabte Shiva
autodidaktisch zum Arzt aus. Erst die Liebe zur selben Frau lässt die
beiden Brüder zu Rivalen werden. Marion flieht aus dem von Unruhen
erschütterten Land in die USA, wo er in seiner Arbeit als erfolgreicher
Chirurg in einem New Yorker Krankenhaus aufgeht. Doch dann holt
ihn die Vergangenheit ein, und er muss sein Leben in die Hände der
beiden Männer legen, denen er am wenigsten vertraut: seinem Vater,
der ihn im Stich gelassen, und seinem Bruder, der ihn betrogen hat.

Abraham Verghese, Rückkehr nach Missing. Roman
Aus dem Amerikanischen von Silvia Morawetz. insel taschenbuch 4000.
841 Seiten

»Hab den Mut zu leben, denn sterben kann jeder.«

Als Frida ein kleines schwarzes Notizbuch geschenkt bekommt, ahnt sie noch nicht, wofür sie es eines Tages benötigen wird. Auf der ersten Seite steht die Widmung: »Hab den Mut zu leben, denn sterben kann jeder.« Und Frida hat Mut. Sie trotzt den vielen persönlichen Rückschlägen und nimmt sich vom Leben, was sie will. Doch Frida lebt geborgte Tage. Ihr schmerzender Körper erinnert sie stets an ein Geheimnis, das sich in ihrem Notizbuch offenbart: Vor Jahren schloss sie einen Pakt mit einer geheimnisvollen Gestalt, die sie fortan begleitet, bis eines Tages der Zeitpunkt einer letzten Zusammenkunft bevorsteht …

Das geheime Buch der Frida Kahlo ist ein fesselnder Roman, der die geheimnisvolle Seite des extremen Lebens der Künstlerin schildert, aber auch ein kulinarischer Roman, mit vielen raffinierten, persönlichen Kochrezepten von Frida Kahlo.

Francisco Haghenbeck, Das geheime Buch der Frida Kahlo. Roman
Aus dem Spanischen von Maria Hoffmann-Dartevelle. insel taschenbuch 4001. 282 Seiten

Eine Geschichte von Abenteuerlust und weiblichem Freiheitsdrang.

Ein Neuanfang sollte es werden, als Harriet und Joseph Blackstone von England nach Neuseeland aufbrachen. Von einem Leben in Wohlstand träumten sie, aber als Joseph im Fluss neben seinem Haus einen Schimmer von Gold entdeckt, kennt er nur noch ein Ziel. Er lässt Harriet und seine Mutter zurück und macht sich auf zu den Goldfeldern, zusammen mit vielen anderen Glückssuchern. Auf der Suche nach ihrem Mann reist Harriet ihrem eigenen Traum entgegen.

»Rose Tremain schreibt die besten historischen Romane unserer Zeit.«
Evening Standard

Rose Tremain, Die Farbe der Träume. Roman
Aus dem Englischen von Christel Dormagen. insel taschenbuch 4002.
459 Seiten

Jack Kerouac, Lebendiger Buddha

Erstmals auf deutsch: die neu entdeckte Buddha-Biographie von Jack
Kerouac.

Jack Kerouac, Idol der Beat Generation, war zeit seines Lebens fasziniert
vom Buddhismus. In *Lebendiger Buddha* erzählt er nicht nur das Leben
und die Wandlung des Prinzen Siddhartha Gautama zum Buddha, sondern schreibt gleichzeitig eine faszinierende Einführung in die buddhi-
stische Lehre, über den Weg zur Erleuchtung.
Lebendiger Buddha ist das amerikanische Pendant zu Hermann Hesses
Siddhartha.

Jack Kerouac, Lebendiger Buddha
Aus dem Amerikanischen übertragen und mit einer Einführung
versehen von Ursula Gräfe. insel taschenbuch 4006. Etwa 220 Seiten

Das wahre Leben der Sophie Scholl

BARBARA BEUYS
SOPHIE SCHOLL
BIOGRAFIE

Von einer behüteten Kindheit über die Jahre beim BDM bis hin zur mu-
tigen Widerstandskämpferin der *Weißen Rose* – die erste umfassende
Darstellung des widersprüchlichen Lebens von Sophie Scholl.
Sophie Scholl ist eine der bekanntesten und gleichzeitig mythenumwo-
bensten Figuren des Widerstandes. Barbara Beuys strickt jedoch nicht
weiter am Mythos, sondern nähert sich Scholl von einer anderen Seite.
Anhand einer Fülle neu gesichteter Dokumente widmet sie sich besonders der Zeit vor dem Widerstand. Sie entwirft ein menschliches Porträt,
das Widersprüche und Spannungen offenlegt. Sie erzählt von Scholls
Kindheit, ihrer Familie, ihrer Entwicklung hin zur kritisch denkenden
Philosophiestudentin – und läßt so das wahre Bild der Sophie Scholl
hinter der Legende sichtbar werden.

»Ein atemberaubendes, erschütternd bewegendes Buch.«
Nürnberger Zeitung

»Diese Sophie-Scholl-Biografie ist ein Ereignis: Sie ist nicht nur glänzend
geschrieben, sondern öffnet auch neue Zugänge zum Verständnis der
Widerstandskämpferin.« *Volker Ullrich, Die Zeit*

Barbara Beuys, Sophie Scholl. Biografie
insel taschenbuch 4049. Etwa 580 Seiten